Fêmea

Um Convite Para O Profundo

Talita de Souza Silva

Todos os direitos reservados - copywriting by Talita S. Silva

ISBN: 978-65-00-46417-7
Selo editorial: Talita S. Silva
Capa comum

Design da capa por: Talita S. Silva
Número de controle da Biblioteca do Congresso: DA-2022-017708

Impresso nos Estados Unidos da América e Brasil

Índice

Eu comecei a escrever este livro um par de vezes, e não conseguia simplificá-lo.

Quando ativei minha ID (Identidade) no decorrer de sua criação, experimentei o terceiro céu e finalmente o livro ficou pronto.

Gratidão eterna ao Rei dos Reis.

Para Ele toda a Glória.

DEDICO ESTE LIVRO A TODAS AS MULHERES E HOMENS DA MINHA VIDA, DA MINHA ANCESTRALIDADE E AOS QUE AINDA ESTÃO PARA CHEGAR.

EU OS ACEITO COMO SÃO EM MEU CORAÇÃO, MAS ALGUÉM PRECISAVA SAIR DA TOCA DO COELHO E VOLTAR PARA O REAL LAR!

Escrever o prefácio de um livro me parece uma tarefa de alguém um tanto perspicaz, não que eu não seja, mas é algo de atitude e para quem reescreveu esse livro um par de vezes, acredito que cada letra é como uma vibração energética que toca o imaginário e ecoa pela alma de quem o lê.

É uma felicidade sem tamanho olhar para o Fêmea e ver no que ele se tornou, meu coração se enche de amor, é como se fosse uma extensão da Talita menina que sintoniza a alma e flui para o universo, uma parte que consegue alcançar pessoas e que se não fosse pelo livro, talvez já mais minha mensagem alcançaria elas pela força da voz.

Dizem que uma pessoa não pode passar por essa vida sem antes fazer três coisa: Plantar uma árvore, ter um filho e escrever um livro. Bom... eu escrevi um livro e plantar uma flor serve? (Risos).

Me sinto grata e honrada por experimentar este momento tão singular de produção, você vai entender partes da minha história no decorrer deste livro e perceberá o porquê é tão importante esse momento para mim.

Eu nunca achei que chegaria a concluir este sonho, eu passei minha infância dando aula pra bichinhos de pelúcia, fingindo palestrar para eles, dizendo que eu seria professora e claro, outras mil profissões (risos), assim como muitas pessoas eu segui por caminhos tortos até encontrar no profundo a força para começar a escrever.

Eu iniciei o Fêmea em maio de 2021 e terminei ele em dezembro do mesmo ano, porém ele só veio a ser publicado oficialmente como um livro físico em maio de 2022.

Não me pergunte o porquê da coincidência do mês de maio, foi um verdadeiro presente e não me deixe esquecer de te contar essa história no próximo livro, o universo me presenteou e é isso que importa.

Como eu sempre falo...

Sem ação, sem transformação!
Talita de Souza Silva

O Fêmea não é um livro que descreve apenas as polaridades com ênfase em relacionamentos, ele é muito mais que isso, ele é um caminho para o profundo da natureza feminina, do autoconhecimento, da verdadeira essência, da autoestima, do amor próprio, da conexão com algo que vai muito além do que seus olhos podem ver.
Ele carrega as chaves da transformação, e eu vou te dar elas, mas você precisa estar preparada! Não adiantar ter as chaves se você não sabe qual delas abre a porta certa.

Tem uma citação no livro "O Caibalion" que achei muito pertinente dividir aqui com você...

"Os lábios da sabedoria estão fechados, exceto aos ouvidos do entendimento."
Hermes Trismegisto

Isso não é apenas um livro, é um verdadeiro manual que te convida a mergulhar no profundo!

Você vai aprender como usar as polaridades a seu favor, desarmando a guerreira e dando lugar a **Mulher de Alto Valor** e feminina que você nasceu para ser.

As energias masculinas e femininas são as chaves para você conquistar sua vida próspera, encontrar o seu propósito, elevar seu amor próprio e ter o relacionamento que sempre sonhou.

Seja uma mulher forte sem precisar usar a força física ou da reatividade, seja respeitada, amada, decidida e independente sem perder a sua feminilidade, a sua delicadeza e tudo que te permite ser mulher.

Isso não é mais um livro!
É UM CONVITE PARA O PROFUNDO!

É um verdadeiro resgate para sua mulher e criança interior que foram perdidas durante a jornada e agora chegou a hora de reavivá-las.

Com certeza você já passou por várias situações que te fizeram perder aos poucos ou de uma vez só, a sua autoconfiança, distorceu a sua autoimagem, o amor próprio, a sua autoestima, se desconectar da sua verdadeira identidade entre outras... Eu te entendo! Também já passei por isso.

Saiba que a nova fase da vida, as coisas tendem a se repetir de uma forma mais intensa, e você não precisa se desesperar e sim, estar preparada. Você vai tirar de letra.

Esse livro é um verdadeiro presente para você que deseja se conectar novamente com sua Pura Essência.

Introdução

Aqui foi impresso minha alma, parte da minha vivência, dos meus estudos, muito da Talita adulta, mas também muito da minha criança interior.

Eu passei muito tempo vivendo no mundo imaginário de Alice e quando eu resolvi sair da toca do coelho, me deparei com uma realidade totalmente diferente do que aquela distorção cheia de crenças limitantes e projeções feitas das pessoas a minha volta sobre mim.

Talvez você conheça a toca do coelho como matrix, mas isso não vai fazer diferença no que vai aprender aqui, o convite é bem claro, e se você está lendo essa introdução tenho certeza que deseja mergulhar no profundo.

As polaridades são como as duas faces de uma mesma moeda, com valores iguais, mas com princípios diferente e uma precisa da outra para coexistir.

Eu poderia trazer muitos conceitos teóricos e técnicos, e claro que vou fazer isso, mas eu escrevi o Fêmea com o coração, pois acima do profissionalismo, eu quero que as pessoas conheçam todo esse conhecimento através dos meus olhos e não como mais uma física ou psicoterapeuta que escreveu um livro cheio de teorias e complexidades.

Eu não vou me alongar na introdução e sei que aqui deveria ser o local onde se antecipa a narrativa contextual do conteúdo, mas eu gosto de um mistério, e se você realmente quiser mergulhar no profundo e sair do raso, essa é a hora de colocar a sua roupa de mergulho e vir comigo.

Você está preparada?

Prólogo

O que você precisa saber é que, esse livro não é sobre a minha pessoa, mas você vai encontrar muito de mim aqui.

Cena 1 (Conversa pelo whatsapp):
- Amor, posso ir ai hoje?
- Não! Eu vou trabalhar, vou fazer taxa no bar hoje de noite!
- Vai mesmo, ou não quer me ver?
- Vou sim!

Então eu liguei para dona do bar e ela me disse que hoje ele não ia trabalhar, que ela não chamou ele.

- Por que você está mentindo pra mim?
- Eu não estou! Agora vai querer me controlar é?
- Eu liguei para dona do bar e ela disse que você não vai trabalhar, não entendo porque você mente, era só dizer que hoje queria ficar sozinho!

Eu já não confiava nele a muito tempo, e isso durou quase três anos.

Cena 2:
- Mãe, olha que legal isso que descobri?!?
- Agora não posso, estou vendo TV!
- Você nunca presta atenção em mim! Sempre algo é mais importante que sua filha!

- Já vai começar? Você sempre com essas historinhas!

E foi assim que ninguém percebeu que eu entrei em depressão, foi assim que eu descobri que eu tinha dependência emocional, foi por passar anos tentando buscar atenção das pessoas, correndo atrás de todos os parceiros que tive, buscar aprovação e tentar mudar a minha mãe que eu descobri que a mudança deveria começar em mim.

Eu vendi a TV!

Você não precisa entender essas cenas, mas creio que consegue imaginar o que eu sentia nessa época.

E aqui começa a nossa jornada.

Capítulo 1 - Quem é você?

Descobrir quem é você não parece um processo fácil e soa assustador as vezes, mas ele é simples. Você vai me perguntar: Como pode ser difícil se eu sou eu? Eu sei quem sou! Eu vivo nesse corpo! Eu penso por mim mesma! Bom seria se isso fosse uma verdade concreta.

Eu garanto que a maioria não sabe quem é e ao ler este livro você vai perceber que também não sabia muitas coisas sobre você. Como estamos em constante evolução, mudando e aprendendo coisas novas nossa identidade fica louquinha para ser descoberta no processo. Existem alguns passos que você pode utilizar para se conhecer melhor e se descobrir.

Passamos muito tempo querendo provar aos outros a nossa capacidade, buscando um amor de conto de fadas, um trabalho digno, como cuidar da família de forma exemplar, esquecemos o que realmente nos motiva a ser cada dia melhor e até mesmo o que gostamos. Você consegue lembrar qual foi a última vez que ouviu uma música na rádio e foi você quem gostou e não porque alguém te indicou? Qual foi a última vez que você foi convidada para um jantar e pode escolher o que ia pedir sem pensar no que o outro pediria? Como você gosta dos seus ovos? Você já pensou sobre isso? Como gosta do seu café da manhã? E se você tem um vício, será que é você que gosta de verdade desse vício, ou têm algo por de trás? **(Quem em sã consciência quer machucar e destruir a si próprio?).**

As pequenas coisas que deixamos passar no dia a dia com a "correria" na vida ocultam a dádiva do presente e não percebemos o agora, isso dà a percepção de que não sobra tempo para viver o que de fato faz sentido. Uma coisa que você pode fazer para se redescobrir e saber o que gosta é criar um inventário pessoal, como um diário e colocar nele os seus pontos fortes e fracos, comece a observar o que faz bem e o que precisa melhorar.

 Liste seus pontos fortes e fracos em declarações iniciadas com **"Eu sou"** para os pontos fortes e que você admira e **"Eu vou"** para os pontos fracos. Por exemplo: "Eu sou uma boa cozinheira", "Eu sou generosa com quem precisa", "Eu vou aprender a ouvir melhor" e "Eu vou me importar menos com o que os outros pensam de mim". Isso já vai ajudar muito no resgate de quem você é e a redescobrir o que gosta, o que quer e o que deve melhorar.

Pergunte as pessoas de confiança o que elas enxergam de bom em você, seus pontos fortes, para analisar e aprimorar ainda mais. O que você não gosta muito análise e veja se isso faz sentido, use os pontos fracos a seu favor, aprenda a canalizar a energia de algo que parece "ruim" como impulso para ativar a sua melhor versão e que te traz paz.

Reserve um tempo para si mesma isso é muito importante, aprender o sentido real da solitude e não ficar na solidão. Cuide-se, prepare um banho com velas perfumadas, pétalas de rosas se assim puder, se perfume, troque o pijama de menina por uma camisola de seda ou cetim, leia um bom livro *(bom, isso você já está fazendo!)*, escute uma playlist animada, tire um tempo para ficar sozinha e analisar a sua lista, agora não é hora de agradar a todos, é hora de se descobrir! Procure tornar esse momento regular no seu cotidiano proporcionando tempo e privacidade para se conhecer melhor.

Faça uma meditação e conecte-se com o divino, tenha em mente que você não precisa passar esse tempo inteiro meditando ou refletindo, é possível descobrir coisas novas sobre você até mesmo assistindo o seu filme favorito ou realizando uma atividade física. Quando estamos abertas nessa busca da evolução, querendo nos conhecer melhor, recebemos insights e respostas de formas inesperadas do universo. O importante é reservar esse tempo apenas para si mesma e aproveitá-lo ainda que seja dez minutos do seu dia.

Comece aos poucos, vá de vagar, você não precisa querer descobrir tudo de uma vez só, não adianta pular as etapas é preciso apreciar a descoberta, cada momento é único. Decidir o que deseja mudar em si mesma poderá lhe mostrar algumas coisas sobre suas prioridades e ajudá-la a entender melhor o processo. Se por acaso identificar áreas a melhorar, defina uma pequena meta pessoal.

Reflita sobre:
O que esse objetivo diz sobre mim?
Por que desejo chegar nesse objetivo?
Por que ele é importante para mim?
O que ele diz sobre quem eu sou?

Comece com um objetivo mensurável por exemplo, se você decidiu ser mais assertiva então expresse sua opinião uma vez por dia. Pode ser algo tão simples quanto dizer o que gostaria de jantar ou falar "não" para alguém.

Se permita! faça algo novo, faça arte, você pode pensar que é a pessoa menos criativa do planeta, mas talvez nunca tenha se dado uma chance. A energia feminina é criativa e nós mulheres já temos essa pré disposição, mas para acessá-la é preciso se conectar com o seu interior.

O que acha de escrever um poema, uma história ou uma canção? Pintar um quadro ou fazer um esboço do que vê na janela? Matricule-se em um curso, comece a fazer vídeos com os amigos para se soltar, dance, ande com pessoas criativas e que estejam alinhadas com os seus objetivos, veja se elas podem te ensinar alguma coisa. Forçar-se a fazer coisas novas e criativas vai te tirar da zona de conforto e poderá ajudá-la a descobrir algo novo sobre si mesma.

Dizem que somos a média das pessoas com quem mais convivemos, por um longo tempo eu acreditei que isso era valido somente para quem está perto da gente, porém, é totalmente possível modelar alguém que não conhecemos pessoalmente. Quem são as pessoas que você considera de sucesso, quais você pode analisar e aprender com elas? Assista vídeos dessas pessoas no instagram, no youtube, leia um livro delas para saber como pensam. Eu estou em contato com o conteúdo do *Napoleon Hill*, mesmo ele não estando mais vivo, eu modelo sua mentalidade e seus ensinamentos. Se eu passo mais tempo do meu dia em contato com o conteúdo dele, logo ele faz parte da "média" das pessoas com quem eu mais convivo... Conseguiu compreender?

Não seja crítica demais com sua vida, ela não foi lhe dada para ser julgada e sim cuidada! Seja mais leve com você e com os outros, lembre-se de que o objetivo é descobrir quem você é e se divertir durante esse processo, a vida acontece durante a subida até o pico da montanha então aproveite o agora e a paisagem durante o percurso.

Se desafie! Faça algo que você achou que nunca faria, algo que a assuste ou intimide. Isso lhe fará ter uma nova percepção de mundo e da realidade, grave um story no seu instagram falando algo que pensa, não permita que os obstáculos a interrompam, se for esse o caso comece com pequenos desafios e vá evoluindo até atingir os maiores. Você poderá descobrir que é mais determinada do que imagina e até mesmo que possui algum talento que não conhecia. Os outros estão tão perdidos quanto você estava até uns instantes atrás então, não se preocupe com o julgamento pois está todo mundo no mesmo barco e essa é a forma de gritarem *socorro*, foque na sua liberdade mental, sentimental e vital.

Você pode abordar um grupo de estranhos e fazer novos amigos, se inscrever para uma corrida de dez quilômetros embora nunca tenha corrido mais de três ou ver quanto tempo consegue ficar sem entrar no Facebook. Esses pequenos desafios vão te preparar para maiores.

Talita, eu não tenho coragem de abordar um grupo na rua! Tudo bem, eu peguei pesado... mas você pode entrar e participar de algum grupo da sua região no Facebook a respeito de alguma atividade e aos poucos ir fazendo novas amizades.

Preciso **ressaltar** e deixar algo bem claro aqui, **se você falar que vai fazer algo... faça!** O ato de falar que vai fazer e acabar não fazendo, vai gerar em você um senso de incapacidade e falta de confiança... Você confiaria em alguém que te promete algo e nunca cumpre? **Eu tenho certeza que NÃO!** Então, se falar que vai fazer algo... **faça!**

Passe mais tempo com as pessoas que te fazem feliz e são positivas, isso vai ajudar no aprendizado sobre si mesma. Estar cercada de pessoas que te incentivam e que você se sente bem lhe fará vibrar no fluxo do amor e ficar longe de indivíduos negativos, críticos, busque estar com quem te ajuda a crescer, que vive a vida de uma forma a qual você admira e seja uma companhia divertida e agregadora.

Aceite e acolha a sua **sombra**, ninguém nasceu sabendo fazer tudo, e aquilo que não "gostamos tanto" foi fundamental para chegar até aqui, e podemos trazer esse lado que parece obscuro para a luz e aprimorá-lo. Todo mundo têm sombras! portanto tente não ficar obcecada com a perfeição. Aceite-se como é, com falhas e tudo! Caso sinta-se inadequada, se questione:
Por que estou me sentindo assim?
O que posso fazer para mudar isso?

O importante é evoluir.

Tenha em mente que nossa identidade está em constante revelação, a nossa sombra fica cada vez maior tentando mostrar o que precisa ser curado, e assim deixando a luz reinar, mas será uma escolha se manter na sombra e reativa ou se aprimorar e se tornar luz.

Não fique achando que é obrigação firmar uma identidade, ela já existe! Você só precisa ativar.

Para ativa-la o primeiro passo é mergulhar nesse processo de busca interior, ela só se revela na pureza, na verdade, você precisa se esvaziar literalmente para ativar a ID. É mais importante saber quem você é para viver em liberdade, do que a própria identidade. Quando você descobre quem é descobre a identidade, quando você escolhe viver por ela e no seu propósito as coisas acontecem, é como um rio de águas vivas que fluem. As mudanças fazem parte de algo natural da vida portanto, seja receptiva e aceite essas transformações, gostos, ambientes e relações.

"Quando acordei hoje de manhã, eu sabia quem eu era,
mas acho que já mudei muitas vezes desde então."
_Alice In Wonderland/Lewis Carroll

Capítulo 2 – O Coletivo

Eu venho de uma geração de mulheres que foram felizes na medida do possível e que não eram realizadas no amor aparentemente, das que eu presenciei só duas se casaram e tiverem praticamente a mesma história. Umas foram abandonadas por seus parceiros, as que não casaram tiveram filhos de homens que não quiseram assumir a paternidade e nessa geração a qual eu sou a mulher que não aceita mais essa hereditariedade de mulheres sofridas, ainda presenciei tentativas frustradas.

Eu cansei de ver as mulheres sofrendo por "amor" e tomando a posição de liderança dentro do lar e o que me chamou mais atenção foi a movimentação do sistema, onde elas queriam opinar na vida das que chegaram depois e impondo o que era melhor. Honro e respeito quem veio antes, mas sempre me incomodou a ideia de fazer uma determinada atividade ou faculdade que na verdade era a que elas não fizeram e estavam projetando seus sonhos em quem veio depois, no caso eu.

Ser pai e mãe, provedora e guerreira do lar não é o "papel" da mulher! A mulher não nasceu para ficar sozinha e nem o homem, apenas se assim desejarem, mas é preciso maturidade emocional e responsabilidade afetiva para tal ato. Nenhum dos dois nasceu para sustentar a família sozinhos e muito menos a mulher ter que ir a luta como se fosse uma guerreira, nosso lugar não é de competição e sim de cooperação.

Fêmea: *Substantivo feminino, cujos órgãos reprodutivos produzem apenas gametas femininos, animal do sexo feminino.*

Somos mulheres e onde foi que deixamos de "ser" mulher? Você vai vir com o discurso de que mulher precisa ser independente, precisa ser dona do próprio nariz, ter o seu dinheiro e fazer o que bem quiser com o seu corpo, ok! Não tiro a sua razão, **autorresponsabilidade** ainda é um dos pilares preciosos para o desenvolvimento humano, porém, o que vem prejudicando é a falta de dosagem nisso tudo. Você pode e deve ter o seu próprio dinheiro, mas se você se sente insegura e incapaz quando um homem se oferece para pagar uma simples conta de um jantar, você já não entendeu o que é de fato o SER mulher.

Nossa força está justamente na nossa "fragilidade", na nossa "vulnerabilidade", é isso que nos torna delicadas, atrativas e saber conduzir um homem faz parte do instinto feminino e não querer ser maior ou igual a ele. Isso também não significa que você deve aceitar qualquer coisa. Se o homem te trai, você não é obrigada a ficar dentro de uma relação sem confiança. Tudo tem um preço nessa vida, e é você quem decide o quanto está disposta a pagar, saiba que nada acontece para o seu mal e sim para que possa enxergar a realidade emocional e espiritual que você se recusa a ver, e isso não tem nada a ver com demônios!

Aos 29 anos minha mãe me deu a vida, ela e meu pai sempre me deram de tudo, mesmo com dificuldades, e após meu pai sair de casa, minha mãe continuou fazendo o possível e o impossível para dar uma vida digna e boa para mim e minha irmã. Eu vi uma estrutura familiar acontecendo até os meus 9 anos de idade, e meu pai era o provedor, mas em algum momento as coisas despencaram e toda essa "estrutura" foi por água abaixo.

E posso te afirmar que quando eu julguei meus pais eu perdi minhas forças, achando que eu sabia o que era melhor para eles ou que eu era melhor que eles a ponto de tal
julgamento e isso me fez carregar um peso muito grande.

Minha mãe sempre me ensinou a não depender de homem nenhum e que se eu quisesse vencer na vida deveria fazer por mim e conquistar a minha independência financeira, pois ter que pedir a um homem dinheiro para comprar calcinhas ou absorventes não é nada agradável. Ouvi da minha tia que eu deveria ser forte, trabalhar duro afinal o mundo não é fácil, hoje acho que ela já mudou esse pensamento, mas também ouvia muito que eu era grossa e ia ficar para "titia" se não mudasse meu jeito... Aff! A vida dá o que cada um acredita e ela já passou dos 60 anos e nunca se casou.

O resumo disso foi que eu me tornei uma guerreira, sempre almejando ter o melhor, conquistar cargos de liderança e não receber nada de ninguém. Eu achava que se me davam alguma coisa ou faziam alguma gentileza era puro interesse então, sempre tive um pé atrás com todos e principalmente com os homens, mesmo no meu aniversário eu não deixei meu namorado da época pagar a pizza.

Eu tinha tanto medo de compromisso que durante a adolescência eu ficava com garotos legais e quando eu percebia que estava começando a me apaixonar ou que poderia ficar sério eu pulava fora. Na minha cabeça paixão e amor estavam relacionados a fracasso.

Meu primeiro namoro sério foi depois de adulta, e obvio que não poderia dar certo! Uma menina imatura conduzindo um corpo de mulher, que queria ser maior que o homem e agia como líder, dificilmente traria paz para a relação e saberia conduzir ele.

Essa "coisa" de crença de merecimento é um perigo! Vai por mim. Não se sentir merecedora e não saber receber o "ser cuidada", "cortejada" vai fazendo a gente criar uma casca grossa e soltar frases do tipo "homem não presta", "eu não quero ser mãe", "eu nunca vou casar, casar pra que? para sofrer?" ... etc.

Ser independente não significa que você não possa receber afeto, carinho, cortejo, somos mulheres e ansiamos por um homem que de fato seja com H maiúsculo, capaz de sustentar e fazer companhia a beleza e furacão que é ser mulher, e eu sou raio, relâmpago e trovão.

O consciente coletivo nos diz que a mulher deve lutar pelos seus direitos e que é ela quem faz o homem, o inconsciente coletivo vem carregado de dor, e eu sou grata a todas as mulheres que vieram antes de mim, a todas que lutaram e graças a elas temos um lugar de voz hoje. Eu as honro por todas as dores e desamores que sofreram, mas eu escolho me libertar dessa guerra e dessa posição de guerreira.

EU SOU LIVRE!

A mulher **conduz** o homem, ela **não faz** o homem! Ninguém tem o poder de mudar ninguém se a própria pessoa não estiver disposta, e é justamente isso que vem fazendo tantas mulheres sofrerem e agirem como desequilibradas. Não aceitam, nem acolhem o seu próprio ciclo menstrual e querem agir como a cabeça da relação sobre o homem.

Entenda que tanto o homem quanto a mulher tem o seu "papel social e familiar", mas quero pedir que você se desapegue das "agendas", desses movimentos que lutam por igualdade quando na verdade não existe igualdade entre ambos, também não existe quem é o melhor, a única coisa que pode existir é a equidade (julgamento justo) perante a lei. No mais, tudo é diferente desde os corpos, os pensamentos, a bioquímica, características e os comportamentos.

É inegável o quanto eu gosto da minha independência, é muito bom ter as próprias coisas, eu fiz meu próprio closet, sempre tive uma mão para arte e criar coisas, sempre gostei de pôr a mão na massa, isso me deu o poder de saber que posso contar comigo mesma. Mas além disso sei o quanto é importante me permitir ser cuidada, saber receber amor de diversas formas e sei que você também deseja isso, e nossas ancestrais também desejavam.

As frases como "não quero ter filhos", "não quero casar" hoje já não fazem mais sentindo algum! Pois ao me reencontrar em minha essência e acolher a minha feminilidade brotou o desejo de transbordar em amor, não mais somente como professora e terapeuta ajudando as pessoas, mas como mulher, esposa, família, mãe, avó ... e tudo o que Deus permitir que seja realizado através de mim em amor.

Hoje eu vejo com outros olhos, desde que tive depressão e passei pela fase de autoconhecimento, amadurecimento, conexão com o Divino criador que entendi a importância de saber amar e ser amada. Alguns anos atrás eu tive contato com o livro *"Um curso em milagres"*, ele não fala sobre o feminino e nem sobre autoestima, mas a mensagem de amor e de escolha, me fizeram ver alguns filtros que eu estava colocando para não ver a verdade como de fato é. E nessa jornada eu entendi que ter condições de me bancar e ser feminina é totalmente possível, pois o poder está na escolha e ao se relacionar você pode escolher o amor.

Conheci várias formas de amor nesse meio tempo e cheguei a confundir o amor pelos meus semelhantes com o amor materno, amor de amizades e até o amor romântico, mas é bem recente a minha descoberta sobre o **AMOR** que provém da **Pura Essência**, esse amor não se explica com palavras, esse amor você só sente, ouve e toca no silêncio.

Eu sei que parece complexo mais é simples! Ele não se explica com palavras, mas com todo o resto. Ele é o abraço que atravessa o tempo, Ele é a luz que não é branca e nem dourada, Ele tem um leve tom champagne e seu perfume é doce, eu diria que lembra algodão-doce (risos). Ele faz cafuné de levinho e aquece a alma, esse Amor é poliglota e suas palavras são sempre positivas, Ele tem um infinito repertorio de SIM(s) e me disse **EU SOU** e disse **VOCÊ É**,   finalmente entendi o **EU SOU** que faz parte de mim e todo aquele ensinamento sobre **"Eu sou o caminho, a verdade e a vida"**, seu amor é justo, intencional, incondicional, direcional e possui ordem.

Por isso é muito importante primeiro você descobrir quem é, pois ter seu próprio dinheiro, ser bem sucedida em sua carreira e feliz com a sua própria vida é primordial para poder fazer escolhas com mais clareza e tranquilidade, ao invés de desespero, apego ou dependência. Enquanto você estiver cheia de preocupações externas não vai conseguir "escutar" o "silêncio". Se colocar como a protagonista da sua vida vai lhe dar o **poder** de escolha e te tornar uma pessoa mais radiante, segura e confiante.

Então... quando você estiver em paz com quem você é, conseguirá entender sobre o que eu estou falando. Esse livro não tem um subtítulo chamado *"Um convite para o profundo"* atoa. Eu mergulhei de cabeça aqui, e sei que até chegar ao final desse livro esse **AMOR** vai me revelar muitas outras coisas para deixar impresso aqui.

As palavras ê poder! E se escrever é a forma que eu sei expressar a minha essência, então eu estou aqui para me afogar.

E nunca duvide que haverá uma luz nos lugares mais escuros quando todas as outras luzes se apagarem, e se olhar atentamente verá o reflexo dela nesse exato momento.

Você passará a enxergar todas as possibilidades quando estiver na posição de líder da sua própria vida, não precisará fazer muito esforço, o feminino é leve e as possibilidades vão se abrir bem diante dos seus olhos, certamente ao acessar a sabedoria você fará as escolhas certas. Escolher o Amor sempre será o caminho mais digno, porém até que você possa fazer isso com maturidade existe uma jornada a ser percorrida. O que de fato faz uma mulher acordar realizada e feliz é o Amor, mas quando não se conhece as duas facetas da moeda e ainda vive um feminino imaturo, esse "amor" pode acabar sendo a sua dose de veneno diário.

Apontar o dedo é fácil, o que ninguém percebe é que ao mesmo tempo têm outros três apontados de volta para si. Fui chamada de louca algumas vezes ao dizer que **tudo o que a gente enxerga no outro é exatamente o que está dentro de nós**. Eu sinto muito se você não concorda, isso só vai te afastar da sua cura, não precisa me dar razão mas peço que ao se incomodar com o que enxerga em alguém se pergunte: **Por que é que isso me incomodou?**

O Amor é entrega, é sublime e ao mesmo tempo é dor. Ele é servir, verbo e é disposição. Ele te chama para uma ação e é aí que muitos erram, todos querem ser amados, mas ninguém está disposto a se doar. Querer um Rei sem ser Rainha ou vice-versa é utopia!

Eu acho o ser humano engraçado as vezes, tantas contradições internas e tantos questionamentos que trazem no discurso um vazio quase que existencial, dizem acreditar em algo, mas com as palavras posteriores e as ações mostram o oposto. Quando o ser humano aprender o significado real da palavra AMOR, o mundo será liberto! E eu vou te dar a chave, mas a decisão é sua de abrir a porta ou não.

O Amor não é o oposto do ódio, ele é o oposto do medo, e sendo assim, o medo como um sentimento que não é produzido bioquimicamente pelo nosso corpo, nada mais é do que uma ilusão criada e alimentada ao longo do tempo, o que podemos classificar como uma grande mentira alienadora para te barrar. Ele é ótimo quando usado para você não atravessar a rua na frente de um carro, mas é péssimo se usado para "servir a Deus" só por medo de ir para o inferno, a intenção real do proposito muda.

O impulso das nossas emoções baseadas em sensações de experiências passadas vão conduzir as nossas atitudes no agora se não houver direcionamento consciente da realidade. O maior livro de instruções da humanidade já alerta sobre **"guardar o coração"**, pois é dele que vêm os impulsos emocionais e sentimentos.

O medo é um sentimento que está fora, mas o ser humano faz questão de se agarrar a ele, trazendo para dentro de si e usando de justificativa para os seus fracassos. O Amor não é um sentimento "gostosinho", não confunda ele com a paixão, o Amor é exatamente a dor, e dentro dele existe a dança entre a boa e a não tão boa sensação, você pode escolher como vai senti-lo.

Em 1º Coríntios 13 na bíblia o amor é descrito com muita perfeição, acho que não existe outro livro que descreva tão bem o significado de amor. Ele é entrega, servir, se dispor, se despir, ter prazer em ser alguém melhor e não engloba o ego nisso, é sobre SER para o outro e não para si mesma. É sobre uma entrega verdadeira, profunda e consciente que pode não receber a mesma entrega em troca, pode existir dor e apesar disso confia em sua própria capacidade de entrega e assim como a fênix sabe que vai renascer. Mas para chegar nesse nível de entrega é preciso primeiro saber que é você, do contrário será sempre uma busca com entrega egoísta.

"Ainda que eu falasse a língua dos homens
E falasse a língua dos anjos, sem amor eu nada seria
É só o amor, é só o amor
Que conhece o que é verdade
O amor é bom, não quer o mal
Não sente inveja ou se envaidece

O amor é o fogo que arde sem se ver
É ferida que dói e não se sente
É um contentamento descontente
É dor que desatina sem doer"
Monte Castelo _ Renato Russo

O verdadeiro Amor não se revela aos fracos e pobres de espírito, ele se revela aos humildes de coração e não confunda humildade com pobreza.

O Amor te torna a "laranja inteira", quem está cheio de amor não cobra amor dos outros, não mendiga migalhas e não aceita qualquer coisa. Quem consegue ver o Amor, sabe a grandeza do que Ele representa, e sim, Ele com letra maiúscula.

O coletivo (a grande massa) vai tentar de todas as formas te engolir, mas agora você já sabe, o que as pessoas falam diz muito mais sobre elas do que os outros.

"O verdadeiro Amor lança fora todo medo".

Capítulo 3 – Metamorfose

Eu não faço ideia de como você chegou até este livro, mas pela lógica você deseja se tornar mais feminina, aprender sobre as energias ou prosperar na vida sentimental. Como diz o nome desse capítulo Metamorfose, é exatamente isso que precisa acontecer para que você possa ter uma expansão de consciência. Nenhum processo de desenvolvimento pessoal e amadurecimento é fácil, ele apenas se torna mais agradável conforme você vai se permitindo e evoluindo.

Metamorfose nada mais é do que a transformação pela qual passa a pessoa no decorrer do seu processo de desenvolvimento, resulta numa forma e estrutura completamente diferentes das iniciais. Isso requer novos hábitos, conhecimentos, novas inspirações, um novo comportamento, atitudes diferentes, porém a maior parte das pessoas estão acostumadas com o seu modelo de mundo mental que, para se abrir a uma nova ideia relutam. Por isso que para algumas pessoas é tão doloroso o processo, e o meu foi, eu relutei muito a ver a realidade e entender que o mundo não girava em torno do meu umbigo. A alteração de personalidade, o modo de pensar, a aparência, o caráter, quando estão enraizados é preciso uma grande vontade e persistência para que de fato haja a transformação. Como vimos no capítulo anterior, as pessoas se agarram ao medo para justificar sua falta de empenho, e muitas desistem no meio do processo, e é justamente por esse motivo que não obtém resultados significativos e os padrões continuam a se repetir.

O problema disso é que a pessoa aceita viver uma vida medíocre, com resultados insatisfatórios, e acha que receber migalhas de amor é normal. Deixa eu te contar uma coisa: **NÃO É NORMAL!** A verdade é que você tem exatamente os resultados daquilo que vem tolerando em sua vida. Se você acha "normal" colocar uma camisola sexy e seu parceiro preferir o vídeo game a ter uma noite de prazer com você, então você está vivendo tão fora da realidade quanto ele.

Não se esqueça que você só recebe o que você tolera. E para começar a mudar isso vai ter que enfrentar SIM o processo de metamorfose e mudar o seu posicionamento, e não é sendo reativa e grosseira que você vai obter resultados positivos.

É necessário que ocorra uma metanoia, a real mudança de mentalidade, de pensamentos, ou seja, deixar de seguir ou acreditar em determinada coisa para vivenciar um novo modo de enxergar a vida. Sei que isso pode parecer um pouco fora da realidade para quem não entende muito sobre o assunto ou não está acostumada com processos de autoconhecimento, mas o fato é que o aprendizado ao longo da vida mostra a importância da metanoia, não é um passe de mágica onde você diz:
- **Mude pensamento!** ... e ele muda, não é assim que funciona. Ele vai ocorrer com ações simples, estamos sempre remodelando nossos modelos mentais, nos adaptando a novos conhecimentos, mudando nossos "velhos" hábitos e é praticando um pouquinho a cada dia que a mudança vai ocorrendo.

Se você toma um choque por conta de um fio desencapado, por exemplo, você tomará bem mais cuidado para que isso não aconteça novamente, correto? Mesmo que de forma irracional, você mudou um aspecto mental e criou uma nova sinapse neural. A mente humana é complexa e por isso a metanoia parece ser tão "difícil". A transformação do padrão de pensamentos não acontece sem acompanhamento, você precisa vigiar e o grande manual de instruções também já alertou sobre isso **"vigiai e orai"**, vigiai vem antes. Para que a conversão do modelo mental aconteça é preciso um processo de aprendizagem.

APRENDIZADO X APRENDIZAGEM

O **aprendizado** é um processo intelectual, é racional, como por exemplo, quando precisamos estudar para passar em uma prova importante. Estudamos, lemos, e entendemos a matéria que supostamente irá cair na prova e a aprendemos para não ter dificuldades na hora de realizar ela.

É um processo que o cérebro identifica como "socorro" imediato, ele aprende, porém, ao passar a prova, ele não fixa o entendimento por não precisar da aplicação do mesmo no dia a dia, mas isso não significa que você não o aprendeu, mas ele joga o conteúdo em uma gavetinha na memória e deixa lá no canto.

Já a **aprendizagem** é um processo abstrato, é emocional e requer um envolvimento maior da nossa mente e do nosso espírito. O processo de aprendizagem requer uma mudança profunda na mente, e junto vai criar novas sinapses e estabelecer uma conexão entre o campo mental e o emocional, é muito mais do que leitura e memorização, essa transformação precisa ser vivida, sentida de todas as formas possíveis.

Nesse caso vai entrar a memória emocional, que podemos chamar de memória corporal ou celular. O cérebro não vai simplesmente jogar na gaveta dos arquivos, e ainda que ele coloque lá nós teremos as emoções para nos lembrar com mais facilidade da experiência armazenada.

Então, a aprendizagem precisa de estímulos ao desenvolvimento do autoconhecimento e da inteligência emocional, a pessoa está muito mais envolvida com o processo e quer aprender aquilo. Uma pessoa que deseja mudar precisa se conhecer a fundo, ter controle sobre as próprias emoções, enxergar os seus próprios erros e pontos a melhorar.

A mudança do padrão mental provocada pela metanoia requer a expansão da nossa consciência, requer um fortalecimento da nossa autoconfiança, da imaginação e o reconhecimento do nosso propósito. Quem faz esse mergulho interno ganha muito mais do que um novo modelo mental, passa a ter uma visão mais ampliada das possibilidades da vida, de sua performance, da autoestima, autoconfiança, do seu poder pessoal, sentimental e mental.

Vivemos em meio a um capitalismo voraz e uma disfunção na forma de nos relacionarmos, o padrão vibracional do planeta está mais baixo (o ano é 2021), porém a busca pela reestruturação da família tem aumentado a cada dia. Estamos saindo de um padrão onde as pessoas vivem procurando oportunidades para ganhar mais dinheiro, se relacionar para suprir suas carências egoístas e mal resolvidas internamente para uma nova fase de cura emocional e expansão de consciência.

Não há nada de errado em querer estar bem financeiramente e ter um relacionamento, mas é preciso avaliar o real motivo de ambos, você gosta do seu ofício? Trabalha com o que gosta ou é só pelo dinheiro? Você se relaciona para servir, ser luz na vida do seu parceiro e ajudar ele na condução de sua ascensão? ... Percebe como é importante passar pela metamorfose agora? Quem começa o processo de transformação, precisa desenvolver a integridade, encarar o processo como a chance de ser íntegra em todas as situações, esse é o caminho para estar sempre com a consciência tranquila e conseguir expandir a mente para enxergar além do que os olhos podem ver.

Capítulo 4 - Lagarta

A lagarta é exatamente o que você é nesse momento caso não tenha feito nenhum passo rumo a evolução ainda, se você já tentou várias formas e permanece com os mesmos resultados, você está no papel de lagarta. E não venha me dizer que já tentou de tudo, isso é uma mentirinha que você conta para se sentir melhor, se tivesse literalmente tentado de tudo já teria saído dessa fase.

Na linguagem popular lagarta é o nome para o primeiro estágio do processo de uma borboleta, nesse contexto: **do ser humano (você).** Quem me conhece sabe sobre a minha paixão por borboletas e o quanto acho fascinante o processo que elas passam. Esse é um dos motivos do porquê sempre uso elas como base para explicar qualquer processo inicial de evolução.

Eu sempre fui feminina, embora tive uns deslizes no meio do cominho mas, sempre gostei de me cuidar com relação ao meu cabelo, unhas, roupas, porém algo interno não estava bem, e o meu corpo, o meu templo foi o que mais sofreu com isso, pois eu cuidava do que acreditava ser feminino mas não cuidava dele, e ele é o que me mantem de pé e me aguenta o dia todo.

Quando estamos vivendo fora da realidade é exatamente isso que acontece, na minha cabeça ser feminina era unhas, cabelo e vestidos mas se formos analisar profundamente, ser feminina não é apenas um estado de SER, vai além da condição imposta pelo corpo físico, da fisiologia do corpo, é energia, é consciência, é SER e ESTAR.

O ato de eu não cuidar do próprio corpo já revelava o quanto "não feminina" eu estava sendo, já que uma das características do feminino é o cuidar. A minha energia era extremamente dominante, eu sempre queria ter razão em tudo, mandar em tudo, eu era penetrante, queria conquistar as coisas para mostrar aos outros e não pela minha própria satisfação de ter uma condição melhor e poder viver com mais conforto, sempre agi no poder da decisão e algo que não mudou foi a minha ambição. O que não tem problema algum nisso, quando você aprende as polaridades sabe usá-las a seu favor ao invés de deixar elas te dominarem.

Eu estava feminina por fora e vazia por dentro, usava vestidos e era praticamente um soldado de guerra internamente. A beleza exterior e "aparentemente" delicada atraia homens, mas ao abrir a boca ou na tentativa de convivência afugentava e assustava com tamanha petulância.

Por passar a maior parte da vida acima do peso, e não querer olhar para isso, inconscientemente foi a forma que achei para me proteger. Se eu não fazia o necessário para cuidar de mim, a minha posição de "falsa confiança" tinha que manter as "piadinhas" longe, logo eu era agressiva nas palavras em minha defesa. O peso era usado como justificativa para as traições quando a crítica era sobre minha imaturidade e reatividade e contra partida a grosseria usada como desculpa quando tudo parecia estar bem e eu mantinha uma "falsa" autoestima com relação ao meu corpo. Mas a realidade era uma falta de amor próprio enorme, uma amargura sem fim e um vazio mascarado pelo uniforme da igreja que eu frequentava na época. Eu me escondia muito bem me ocupando em ajudar os outros e na arte que é algo que sempre gostei.

Eu sofri muito tempo com isso, você não faz ideia do quanto é pesado ter que se portar como chefe, com autoridade o tempo todo. Eu não me permitia ser vulnerável, se alguém me dava uma opinião ainda que fosse para o meu próprio bem, eu já reagia com dez pedras na mão. Sempre contra atacando e nunca dando espaço para reflexão.

E te digo de todo o meu coração que esse lugar é de muita dor e solidão. Você vive rodeada de pessoas, mas nenhuma delas gosta verdadeiramente de você, elas estão ali apenas pela energia de dominação que você está emanando, e por algum motivo elas estão precisando ser dominadas, então, entram em ressonância com você, mas elas não estão ali pela luz, pelo impacto ou inspiração.

Eu nunca fiz parte de nenhum movimento, nunca me intitulei como feminista, ou qualquer coisa do tipo, mas eu levantava a minha bandeira interna de poder, eu abraçava com garras e unhas o inconsciente coletivo e queria provar ao mundo que as mulheres são melhores e podem ser maiores que os homens, mera ilusão.

Sou muito grata a essa minha fase de lagarta, pois foi ela que me fez experimentar o auge da energia masculina, fui estudar dança em Joinville, me tornei professora, estive como líder de equipe, me possibilitou largar a CLT, criar coragem e enfiar a cara no digital e hoje ajudar muitas mulheres. Mas, eu não estava feliz em nenhuma outra área da minha vida. Eu não sabia ser filha, não sabia ser namorada, não sabia ser mulher, não sabia cuidar do meu interior e até minha saúde estava tendo consequências por conta disso.

Nos meus relacionamentos eu fazia questão de mostrar que era eu quem tinha o poder, era controladora, eu quem queria pagar tudo para me sentir superior, eu vivia dando presentes, e obvio que eu me frustrava quando não recebia nada em troca, pois o meu lado feminino estava gritando por cuidado, mas eu estava cega e não enxergava a raiz do problema.

Mas como em qualquer processo, sem disposição e ação é impossível haver qualquer tipo de mudança.

Eu passei por vários relacionamentos quando perdi o medo de namorar. Depois que você experimenta a relação a dois, você percebe que não faz sentido nenhum ficar sozinha, mas nessa faze eu ainda só buscava preencher o meu vazio, eu não tinha mudado minhas atitudes e não tinha consciência alguma do que era ser feminina de verdade. Tanto que nos encontros, eu ia buscar os homens de Uber quando não tinham carro, eu pagava muitas vezes a conta e inclusive o motel, eu que organizava nossos passeios aos finais de semana na maioria das vezes, eu comprava a pizza da janta e mais um monte de coisas que eu tomava a posição de decisão. Isso cansa!

Todos os homens com quem me relacionei, eu não enxergava neles visão de futuro, achava que eram fracos em relação ao meu pensamento de grandeza, alguns até tinham sonhos, mas não se movimentavam para realiza-los, só pensavam em sexo e não foi à toa que o meu relacionamento que durou mais acabou e ele engravidou uma outra moça uma semana depois.

Hoje eles têm uma família linda, e isso já está superado. Mas na época só conseguia enxergar a minha dor e eu o culpava dizendo: Como você pôde fazer isso comigo? E eu desequilibrada ainda corria atrás, ele já estava com outra pessoa, ia ter um filho e eu me rastejando, fazendo o papel de louca, menina inconsequente e imatura, isso não era amor!

Internamente eu sabia que não era o que eu queria para a minha vida, e ainda assim me deixava dominar pelas emoções e impulsos infantis, falta de domínio próprio total. Mesmo eu não sendo feminista eu acreditava diante de todo o cenário ao qual vivia que as mulheres seriam o novo *"Martin Luther king"* no mundo. E mais uma vez eu não conseguia ver que eu não estava me dando valor algum. Eu era como **Pinky** e o **Cérebro**, sonhando em dominar o mundo sendo rato de laboratório.

Todas as minhas relações foram baseadas em sexo por sexo e por uma necessidade imensa de aceitação, baseadas em feridas que minha criança interior queria me mostrar, e eu estava muito ocupada sendo o "homem" das minhas relações para dar ouvidos. Obviamente essas relações não podiam ter final feliz, e essa era a única forma que eu sabia me relacionar, por sexo e sofrimento, presentes, acusações e birras. Eu não permitia o amor fazer parte da minha vida, eu não conseguia me entregar verdadeiramente sem interesse em receber, só sabia cobrar e impor, não tinha noção alguma de qual era meu papel no relacionamento.

Mas a boa notícia para você é que tudo na vida é mutável!

E não é porque você está como lagarta que o mundo acabou, existe solução, e vou te passar um manual para ir pondo em prática desde já.

MANUAL DA GENTILEZA
PARA LAGARTA

Contribua: Com ações que podem mudar o mundo positivamente.

Escute: O que as outras pessoas têm a dizer.

Faça: Pequenas boas ações na sua rotina.

Sinta: Como a gentileza proporciona bons sentimentos.

Deseje: Um BOM DIA as pessoas, é sempre um bom começo!

Mude: Sua perspectiva de olhar para poder fazer o BEM sem olhar a quem.

Sorria: Sempre! Esta é a melhor forma de ganhar sorrisos.

Olhe: Nos olhos para conversar.

Respeite: As necessidades de cada um.

Capítulo 5 - Casulo

É chagada a hora da verdade, a hora da dor, a hora de enfrentar seus medos, é aquele momento do vai ou racha!

Com toda certeza você já ouviu a frase ***"ou a pessoa muda/ aprende pelo amor ou muda/aprende pela dor"***, e aqui vai mais uma bomba de realidade para você, se o amor é de certa forma a dor que desatina sem doer, não existe transformação sem dor. É impossível a pessoa sair da zona de conforto, olhar para a realidade e mudar verdadeiramente sem passar pelo aprendizado da dor, ou seja, pelo amor que é a ação.

- Talita, eu não quero sofrer! Se for para sentir dor eu prefiro continuar do jeito que está!

Você tem três opções, continuar como está e viver o resto da vida se lamentando, se auto rejeitando e repetindo padrões fingindo que está tudo bem e na hora que a conta chegar ela não sairá barata. Você pode enfrentar o casulo agora mesmo como um desafio necessário e sentir toda a dor com sofrimento, pesar e tornar o processo doloroso mas com a certeza de que irá vencer ou pode transformar o casulo em um parque de diversões, ser leve e sem resistências se colocando como observadora e comemorar cada etapa como uma vitória, a escolha é sua.

"A mente que se abre a uma nova ideia jamais voltará ao seu tamanho original".
_Albert Einstein

Toda mudança exige a chegada do novo, e é você que dá a permissão para ele chegar ou não. Uma vez que você passa a enxergar a situação com outros olhos, é impossível voltar a ver como era antes. E a dor/amor entram exatamente nesse momento que você dá a permissão e começa a se movimentar em direção a sua transformação, almejando e enxergando a mudança, acreditando que já é real, que é alcançável. Quando você está ferida e precisa sair do lugar com seu próprio esforço sem ser carregada, vai sentir dor.

Como assim? Pense no parto... a mãe está gerando uma vida e vai dar a luz à um novo ser, ela passa pela "dor" do parto, e ainda que seja muito doloroso, ela passaria mais mil vezes para poder ter seu bebê nos braços. E é essa dor que vai te fazer crescer, evoluir, amadurecer, ela não é um peso e sim um passo para sua libertação.

Temos a mania de querer tudo para ontem, mas você levou nove meses para nascer, então por que insiste tanto no imediatismo? Nada que deve ser naturalmente perfeito e belo ou que mereça ser apreciado é imediato. A verdadeira beleza referente ao amor nesse processo está em ser contemplado, ou seja, curta o processo.

"Quem tem medo de viver, jamais viverá."
_Aleksander Cosmos

Esse capítulo leva o nome de casulo justamente porque é o fim e o começo. É quando você morre para a antiga você e enfrenta os seus medos, se põem em movimento em direção a mudança, aquieta o coração, quando para de agir em busca do externo e foca na cura interna. O casulo leva esse nome de forma simbólica, é quando a lagarta ainda está presa à matéria, em um momento que parece ser o fim de sua vida, ela se isola, procura um lugar seguro e constrói um casulo ao redor de si mesma.

Esse casulo representa o mergulho que ela dá em seu próprio corpo, dentro de sua própria existência, na qual não existe mais o externo, apenas o silêncio.

Nesse momento só existe você e você! Você pode ficar perdida em si mesma para sempre, dentro de si e afundar em sua bolha "depressiva", ou descobrir quem você é, qual é a sua verdadeira essência. Será que você irá aceitar aquilo que lhe foi imposto? Ser uma lagarta? Você nesse momento já não se identifica como uma lagarta, mas também não deixou a forma física dela, e por isso entra em confusão, pois não tem como ser mais o que era antes, mas ... também não tem a força e nem a coragem necessárias para se tornar a sua melhor versão.

Sem dúvidas esse é o capítulo mais complexo desse livro. E talvez você não entenda direito ao chegar ao final dele então, recomendo que você releia ele se não identificar a chave mestra da mensagem.

As pessoas desistem exatamente nessa fase do casulo, pois é o momento mais assustador e conturbado que já vivenciaram. Imagine você passar uma vida inteira acreditando em algo, doutrinas, um padrão de mundo imposto pela sociedade e de repente você descobre que era tudo irreal? Assustador né? As pessoas que não querem sofrer simplesmente colocam a venda novamente e fingem estar tudo bem, mas a semente lançada dentro delas já mais permitirá de serem felizes ou viverem uma "falsa vida plena", pois elas sabem que não são mais uma lagarta, porém é mais fácil não se esforçar. Apesar da grande crise pela qual está passando, de ser um ser rastejante preso à matéria, que vive em função do ego, ela sente que na verdade bem lá no fundo, em sua essência ela não é isso. Em essência, ela é livre, é borboleta, só não sabe conscientemente como chegar lá.

Então ela se fecha em seu casulo, se volta para dentro e essa cena pode ser analisada como o seu processo de autoconhecimento, que consiste exatamente em se voltar para dentro e buscar a sua verdadeira identidade. E essa pode ser a fase que você está presa, algumas pessoas passam anos e anos nesse processo de entra e sai do casulo, sempre com ele semi aberto e nunca tendo coragem de mergulhar dentro dele realmente e assim nunca se peritem transcender.

Quando falamos "voltar para dentro" e "buscar sua verdadeira essência", parece algo relacionado à autoajuda, não é mesmo? Mas não é nada disso! Tire as vendas, o julgamento e olhe realmente para dentro de si, porque é dentro que existe um ser completamente autêntico.

Todas nós nascemos assim, as crianças se comportam de maneira totalmente autêntica porque elas não foram tão afetadas pelo mundo externo ainda, mas quando elas crescem, passam a ter relações com o mundo e com as pessoas e se apegam à diversas crenças limitantes e tudo o que a criança experimenta, vai se encaixando a ela, vai bloqueando e minando a sua autenticidade.

Já viu uma criança tentando andar? Ela cai várias vezes e não desiste até dar o primeiro passo, depois que ela consegue se equilibrar andando ela começa a correr. A criança é ousada e você deveria observar mais as crianças e aprender com elas.

Nos dias atuais, com a internet e as redes sociais, a busca para mostrar ao mundo algo que você "não" é verdadeiramente tem sido muito comum, já que quase todos estão se comparando as outras pessoas e deixam de se reconhecer. E aí passa a pertencer a um padrão.

Quando eu falo em resgatar a sua essência, eu estou querendo te dizer para resgatar a sua criança interior, que você busque quem de fato é, e principalmente, que você busque a sua autenticidade, a sua verdade e pare de se comparar com as outras pessoas. Coloca de uma vez por todas na sua cabeça: **TODAS AS OUTRAS PESSOAS JÁ EXISTEM!** Assuma as rédeas da sua vida, a sua autonomia e autenticidade, você não precisa copiar ninguém, não precisa ter vergonha de ser você mesma, e muito menos dar ouvido a crítica dos outros. Repare que as críticas sempre vêm de pessoas desocupadas e que não cuidam da própria vida e sim da dos outros. Cuidado!

Quando a lagarta constrói um casulo ao redor de si, ela está à procura de quem é em essência (a borboleta), e mesmo nunca tendo sido uma, ela sente que a autenticidade dentro dela é a de ser uma borboleta. Então ela se fecha, se desfaz da carcaça da lagarta e se refaz, ela vai com a cara e a coragem, ela nem sabe se vai sair de lá viva, mas a certeza dela de transformação é tão grande, que nada e nem ninguém vão poder impedi-la de passar por esse processo. E após um certo tempo, o casulo se rompe e de lá sai uma linda borboleta.

Uma mulher, empoderada de si mesma, autêntica, fiel aos seus valores e princípios, que não aceita ou tolera menos do que merece, que se valoriza, que está madura e pronta para a vida, gerar grandeza não só em sua vida, mas também para servir. Um ser que não é mais espesso, mas completamente sutil, tem força, mas sabe a hora certa de ser forte, em outras ocasiões escolhe ser feminina, ser frágil e receptiva. Ela não é mais da terra como um touro, mas sim do ar como a linda borboleta, livre, leve, doce, meiga e delicada.

Ao estudar o significado da terra, vemos que ele representa a matéria, aquilo que é denso, o físico, o corpo, a posse, o ter, é tudo aquilo que existe, que os seus sentidos querem e podem provar existir.

Enquanto o ar simboliza a inteligência, a comunicação, as coisas imateriais. Então ao enfrentar o seu processo e aceitá-lo, ela deixa de ser algo material para renascer como uma borboleta, quando encontra a sua autenticidade, ganha o dom e a capacidade de voar, e o voo simboliza exatamente a liberdade. Essa é a escolha da mulher madura, que prefere o amor do que competir com um homem.

Todas nós possuímos muitas coisas a serem mudadas, ao começar o processo de evolução, você vai entender que é um caminho sem volta, se tornar uma mulher interessante requer conhecimento, e esse campo ao ser aberto, vai te mostrar que você sempre vai querer buscar mais.

Cada uma sabe o que necessita ser mudado, você sabe o que te incomoda, talvez não saiba a raiz, ou o que está por de trás do inconsciente, mas dentro de si algo já deu um alerta, e nós mulheres temos o sexto sentido mais aguçado, não é preciso que ninguém fique lhe dizendo o que fazer, você sabe o que deve ser feito. Assim espero!

O que te leva a não fazer o que precisa é justamente as mentiras que você conta para si mesma todos os dias, sua preguiça, sua procrastinação, o desejo de fugir da dor, então você acaba não fazendo pois, existem anestesias diárias como a novela ao chegar em casa, os programas de entretenimento como o BBB, uma série, passar o feed das redes sociais e é assim que você vai levando a vida, o seu descontentamento com a forma que vem sendo tratada, as coisas que você não consegue conquistar, e as relações frustradas, são apenas um lembrete de suas ações diárias.

Vou te dar um exemplo que presenciei, uma pessoa disse que estava precisando ir para a praia e tomar um banho de mar para ver se a "urucubaca", "zica", ou nas minhas palavras (má sorte) saia dela, mas a maioria das coisas que ela fala são negativas e ela nem percebe: Tudo no mercado está caro, eu não vou dividir o carregador do celular com você se não vai queimar, coloca uma blusa se não vai ficar doente... etc.

Aí eu te pergunto, como uma pessoa dessa vai progredir na vida se a maioria das coisas que saem da boca dela tem um ponto negativo e vai contra o "desejo de prosperar e mudar de vida"?

Eu sei que ela não faz por maldade e sim, é inconsciente, são anos agindo assim, mas ela precisa enxergar que a "zica" é causada por ela mesma com suas atitudes e palavras diárias, as coisas que assiste, as pessoas com quem conversa e mais uma vez vou repetir, isso não tem nada a ver com diabo. Mas sim com o comportamento limitante e sabotador que a própria pessoa faz e não percebe. Não adianta sonhar com riqueza e a cada dez palavras reclamar das coisas, dizer que tudo está caro e passar metade do dia vendo vídeo no tik tok.

E talvez você esteja agindo igualzinho essa pessoa e por isso a sua vida não sai do lugar. Não seja como um vírus que infecta todo mundo com negatividade, está na hora de enxergar o todo e a verdade. Quanto mais negativa você for, mais coisas ruins você irá atrair, pois não é apenas sobre você, é sobre todos nós. Quando a bíblia fala sobre galardão é justamente sobre isso aqui! Você contamina as pessoas ou você eleva elas?

É mais fácil assim, continuar vivendo de ilusão e frustração, afinal ninguém quer pensar em mudar depois de um dia absurdamente cansativo. E é justamente a estrutura de "poder" que lhe torna cansada, que a "obriga" ser uma máquina e você não tem forças nem para ser gentil, amável e dócil com você mesma. Já não basta a guerra mental, as polaridades em desarmonia e você apegada a essa armadura.

Mulher, entenda que você é exatamente o oposto disso! Você não é uma máquina, você é um ser sutil, emocional, que vive de experiência do sentir e estar junto, e não tem nada de errado com isso. Ser frágil não é ser fraca, é ter valor. Pense em um jogo de porcelana, ele é justamente mais caro por ser frágil e é preciso um certo cuidado ao manusear, isso que faz as pessoas quererem ter ele, por remeter através de toda fragilidade a beleza, elegância e valor, é nisso que está o seu poder. Consegue compreender? Eu espero que sim!

Quero que pense quais são os melhores momentos de sua vida? Você se sente mais feliz quando está no trabalho liderando um grupo, ou quando está deitada nos braços da pessoa amada? Os que você está com sua família, com seus amigos, no meio da natureza, vivendo, sentindo, mergulhando nas águas? E de fato esses são os melhores momentos da vida e principalmente para nossa energia feminina. É isso que nos faz mais feliz e completas.

Acredito que agora você já tem alguma noção primária do que precisa mudar dentro de si, mas será que você está agindo para que isso aconteça? Será que está se movendo na direção certa?

E olha que isso é apenas uma visão que eu trouxe a partir da perspectiva e análise simbólica da borboleta, agora você pode compreender por que eu gosto tanto delas e o quanto aprendo as observando. A borboleta sabe que ela precisa entrar em um casulo, enfrentar seus medos, traumas e se transformar, é dessa forma tão bela que a borboleta significa transformação e para nós mulheres o contato com o nosso processo.

Quero te parabenizar, por tomar a iniciativa de investir em você através desse livro, buscar uma mudança, você já está um passo à frente rumo a sua transformação.

Capítulo 6 - Borboleta

A borboleta é o seu objetivo, deve ser o seu alvo, onde você deseja chegar. Pode haver mil motivos pelos quais você não está agindo, mas, se por sincronicidade você chegou até aqui é porque está na sua hora de transformação. Nada acontece por acaso nesse mundo. Se esse conteúdo chegou até você, alguma coisa está querendo lhe dizer "faça, saía do padrão, saía da caixa, busque a transformação, a sua autenticidade."

É exatamente isso que você precisa fazer a partir desse momento, constantemente, todos os dias de hoje em diante, buscar a transformação, se tornar a sua melhor versão, e quero que saiba que a única comparação que você pode fazer é, de você com você mesma. Eu sei que dói se voltar para dentro, e que não é um processo fácil, mas é necessário e vale muito a pena, pois, ao se autoconhecer depois de toda a dor vem o resultado, o objetivo, a autenticidade, você encontra a borboleta dentro de você. E de algum modo todas nós sabemos o que precisamos fazer para mudar, só precisamos agir e estar atentas aos sinais que o universo nos dá como presentes para quem se põem em movimento, então esteja atenta. Pode estar meio confuso, não entendendo o motivo das coisas acontecerem de certo modo, mas o seu casulo é dentro de si mesma, dentro do seu coração e, ao se conectar com o seu interior, com Deus, tenha certeza que muitas dúvidas serão esclarecidas.

"Peçam, e lhes será dado; busquem, e encontrarão; batam, e a porta lhes será aberta. Pois todo o que pede, recebe; o que busca, encontra; e àquele que bate, a porta será aberta".

Mas quero esclarecer algo muito sério aqui, e iremos falar disso mais para frente novamente, esse "pedir" não é virar uma pedinte e todo dia pedir a mesma coisa, se você entrar nesse fluxo de todos os dias pedir a mesma coisa, nada vai acontecer! Isso gera escassez e pessoas escassas vibram em falta, e quem vibra na falta atrai para si mais falta, então, peça e confie, pois o que é de fato seu dará um jeito de chegar até você se... você estiver em movimento.

> ***"Sem ação, sem transformação!"***
> __Talita S. Silva

A borboleta é livre, ela já entendeu o seu lugar no mundo, ela não quer ser melhor que nenhuma outra borboleta, suas asas já são compostas de toda perfeição, e gritão por onde voam: **EU SOU O EU SOU**.

Eu não acredito em sorte! Quando a gente entende que tudo começa na mente, para de achar que "fulana" teve sorte e passa a reconhecer que ela teve êxito por fazer o que a maioria não faz. Acredito que você já ouviu a frase ***"borboleta significa sorte"*** ao ver ela posar ou se aproximar de alguma pessoa, até mesmo entrar em um ambiente. Essa frase se dá pela raridade da cena, não é toda hora que você vê isso acontecer, pode ser que nunca tenha acontecido com você, agora que está no processo de evolução comece a observar, com certeza elas irão se aproximar.

A borboleta sabe de sua fragilidade e ela também sabe o seu valor. O processo do casulo foi dolorido e não dá pra colocar em risco a própria vida se expondo a quem não saberia tratá-la adequadamente. A borboleta enxerga a alma das pessoas.

Ela sabe o seu valor, ela aprecia a sua liberdade, sabe quem pode ou não ter a sua presença, a sua doce companhia. Sabe muito bem como merece ser tratada. Eu já tive esse privilégio algumas vezes e uma delas escolheu desfalecer justo em mim, pense no meu desespero tentando ressuscitar a danadinha (risos).

Eu acho elas incríveis! Elas sabem o valor que investiram para se transformar. Agora deixa eu te falar uma coisa: Se até uma borboleta sabe o real valor dela, como pode você, ser humano, racional não saber o seu?

Quanto tempo ainda vai levar para você bater as asas e voar? Você não se cansa de mendigar amor, de aceitar migalhas, de apanhar talvez, o que você está fazendo com o seu emocional? Como você pode ficar ao lado de alguém que não te respeita, que te xinga, que te humilha? Isso só está acontecendo porque você mesma não se dá ao respeito, você não se valoriza, é você que se maltrata todo dia se ofendendo, se chamando de burra, dizendo que está gorda, que está feia, quando você vai parar de fazer isso com você mesma?

A pessoa que é livre, encontra a lei na sua própria liberdade, quando você se depara de frente com sua real essência entende que, não é mais sobre fazer o que os outros esperam de você e sim, o que é melhor para você. E isso não têm a ver com ser arrogante, com passar por cima dos outros, mas sim aprender a fazer escolhas, saber dizer não e focar no que realmente pode mudar, olhar para aquilo que você tem controle e não mais no que não têm.

Essa liberdade que você mesma impõem os seus limites te fazem ter valor e maturidade. Você sabe até onde pode ir, sabe o que não te faz bem, e a frase "tudo me é lícito, mas nem tudo me convém" começa a fazer total sentido.

> *"Sobre tudo o que se deve guardar, guarda o teu coração,*
> *porque dele procedem as fontes da vida."*
> _Provérbios 4:23

Eu entendo que você tenha um pouco de dificuldade em se conectar, foi muito tempo longe de si mesma. Mas é preciso se aceitar com todas as qualidades e "defeitos" primeiro. Não tem como mudar um "defeito" antes de reconhecer a importância dele na mudança, se perdoar por todos os julgamentos que fez a si mesma, pela forma que veio se tratando e perdoar as pessoas que te maltrataram, elas também estavam agindo como você, presas em suas dores e replicando padrões feridos.

Ao reconhecer isso, comece a se proporcionar elogios, momentos felizes, dizer frases de amor, gratidão, carinho, frases acolhedoras e que envolvam o seu ser por completo.

Pessoas feridas ferem outras pessoas, e pessoas feridas que se unem a essas pessoas se ferem ainda mais. A borboleta não vai pousar em uma cerca elétrica. Ela sente a energia que emana, sente a presença, a força com sua sensibilidade à distância.

É preciso olhar além do que vê! Além do que sente falta, porque dentro da perfeição a qual você foi criada, já existe tudo o que precisa dentro de você. O amor romântico é apenas complemento e não o fim.

Em um copo cheio de água suja não dá para colocar água limpa, é preciso esvaziar ele, lavá-lo e ai sim você pode encher. Pense que você é um copo vazio e seu parceiro é um copo que está pela metade, se ele despejar em você tudo que ele tem, ainda assim o seu copo estará pela metade.

O fato de você estar vazia ou meio cheia, não vai lhe deixar enxergar que ele deu tudo o que tinha, e mesmo ele dando tudo, você ainda se sentirá vazia, pois não é possível enxergar o amor que o outro te oferece e te dá se você mesma não se enxerga digna de amor.

Nós só reconhecemos aquilo que temos. Se você estiver vazia de si, vazia de amor, vazia de gratidão, será quase que impossível reconhecer o que o outro faz de bom por você. Cada um só dá o que tem e reconhece no outro o que têm também.

A suprema felicidade que muitos buscam nessa vida é ter a convicção de que já somos amados. E esse AMOR não vêm de fora, do externo, Ele vem de dentro.

Tudo na criação e na natureza é assim, não queira mudar a ordem natural das coisas. Uma flor veio de uma semente que precisou ser plantada, cuidada, germinar e enfrentar o peso da terra sobre ela para começar aparecer sobre a terra até desabrochar. O movimento da natureza é de dentro para fora, o da criação também veio do micro para o macro e desde então nunca mais parou de expandir e evoluir. Sempre será de dentro para fora.

O amor é a força mais sutil, suave e delicada desse mundo, ele serve, ele dá, ele não é egoísta. Quanto mais ele se doa, mais amor ele tem para transbordar. O amor é multiplicação!

Quando você descobrir o verdadeiro significado do AMOR, você vai estar pronta para qualquer adversidade, para todas as situações e saberá lidar com qualquer tipo de pessoa inclusive, você mesma.

Repare quando a borboleta bate as asas, quanto mais ela bate, mais beleza ela espalha, e cada movimento de suas lindas asas coloridas encantam.

A real direção, a clareza só tomam forma e ficam visíveis quando você se põem em movimento. Parada não dá pra enxergar muitas coisas, pois você fica limitada ao local onde está fixada. Para ficar bem claro: Imagine um guarda parado em uma esquina, ele vai ter a visão do local onde está, agora imagine esse mesmo guarda fazendo a vigilância de bicicleta pelas quadras do bairro, a visão dele deixa de ser limitada e ele consegue ter uma ideia maior do que está acontecendo.

Talvez você esteja a muito tempo parada no lugar, não estudou mais, sempre andando com as mesmas pessoas, fazendo as mesmas coisas, as mesmas conversinhas furadas, os mesmos churrascos do fim de semana, nada de novo, nada agregador. Está na hora de mudar a direção!

Por isso enfrente o casulo e libere suas asas para ir além do que você não consegue ver nesse momento.

> *"Insanidade é continuar fazendo sempre a mesma coisa*
> *e esperar resultados diferentes."*
> __Albert Einstein

A borboleta é o seu destino, não espere passar um, dois, cinco anos para lembrar que leu esse livro e perceber que poderia ter começado hoje a se tornar a linda borboleta. Daqui um ano pode ser você ajudando outras pessoas a saírem de seus casulos.

Aproveite o hoje, o agora para começar a realizar sua mudança. O ontem não dá pra mudar só ressignificar, o amanhã é apenas um sonho. Se você deseja realmente ter um amanhã diferente... É no agora que você começa a construí-lo.

A borboleta é um presente para o mundo, serve com todo o seu ser, sua beleza, leveza, doçura, visão, energia, disposição, transformação, transcendência, transbordo, alegria, amabilidade... Pode até existir pessoas que não gostam de borboletas, mas eu nunca conheci nenhuma que não se encantou com sua beleza.

> *"Não haverá borboletas se a vida não passar*
> *por longas e silenciosas metamorfoses."*

_Rubem Alves

Se você não valoriza sua própria vida tome cuidado, pois isso pode te colocar em uma lama movediça. É como se você estivesse morta, a lama movediça te engole e lá vira um cemitério, mas ninguém vê os ossos. Imagine um lugar onde muitos estão gritando por socorro ao mesmo tempo, dificilmente as pessoas vão entender o que todos estão gritando. Você quer fazer parte desse mar de pessoas? Será que Deus realmente te criou para ter uma vida de destruição e sofrimento? Alguém já te perguntou isso?

E cuidado com a sua resposta, ela revela muito sobre quem você é. Então, como eu sei que você ainda está com dificuldade de entender a borboleta, eu vou ser mais clara.

Existem cinco estágios para a transformação. Anota aí, se até agora você não separou o caderno da mulher poderosa, essa é a hora!

OS CINCO ESTÁGIOS DA TRANSFORMAÇÃO:

- Dentro do casulo (2º)
- Despertar (3º)
- Sair do casulo (4º)
- Bater as asas (5º)
- Transformação (6º)

Porque a fase da Lagarta não conta? Porque essa é a fase que você chegou aqui, não faz sentido contar a fase inicial. Estamos aqui para dar um passo para frente, certo? então o primeiro passo para sair da fase atual (Lagarta) é entrar no casulo.

Agora preste muita atenção para ver em qual fase você realmente está e como funciona os níveis de cada uma delas, ok?!

DENTRO DO CASULO:

É a segunda fase, ela vem para acordar quem estava dormindo na vida, literalmente. É a fase onde você decide enfrentar a dor e se enfiar dentro do casulo, passar pelo processo de autoconhecimento. Aqui você descobre que estava dormindo na alienação, vivia procrastinando, sempre depressiva, reclamona e afundada em muitas outras coisas. Quanto mais você se conhece e acorda para a realidade, percebe que tem muitas pessoas dormindo em vida e acham que esse é o último estágio. E infelizmente muitas vão morrer sem sair dele.

DESPERTAR:

Esse é o terceiro estágio. Aqui você tem uma expansão de consciência, pense em alguém que estava dormindo e de repente desperta. Ela acordou e ficou até meio tonta, são anos presa na mesmice e dar um salto na linha do tempo as vezes da uma baqueada. Ela ainda está na zona de conforto e resolve ativar o modo soneca, o problema do modo soneca é que ele te puxa para fora da realidade novamente e a maioria acaba voltando para a fase de Lagarta, porém ela nunca mais consegue ser a mesma e vive infeliz. Essa fase só te dá duas opções: Levantar e ir para o próximo estágio ou voltar para a fase inicial.

SAIR DO CASULO:

O quarto estágio é bem difícil, ele requer movimento, quebra de padrões, desmistificar crenças, quebrar mentiras, confrontar os bloqueios emocionais, desfazer alianças, é um verdadeiro ponto de ruptura. Sair do casulo gasta muita energia. Seu cérebro foi programado para gastar o mínimo de energia possível, ele deseja o conforto, quer te proteger e te manter "segura" dentro do casulo. Meu comando para você sair do casulo é: **Rasgue logo ele para não ter perigo de voltar lá para dentro.** Sem ter uma película você nunca mais ficará no conforto dentro do casulo.

Você vai eliminar a coragem de voltar para um lugar onde agora ficará despida e não poderá dormir em paz. Com o casulo destruído, acabou! Só de rasgar ele você vai conseguir resolver muita coisa em sua vida.

BATER AS ASAS:

Agora não tem volta, ou você bate as asas ou vai ser pisoteada até a morte. Bater as asas não é mais sobre você, é sobre ajudar outras borboletas a saírem dos seus casulos. Elas não têm coragem de voar até verem outra borboleta voando. Não queira rasgar o casulo das outras pessoas e muito menos bater as asas por elas. Você pode pagar um preço muito alto por forçar o casulo de outra pessoa, assim como uma borboleta morre se alguém ajudar ela a sair de lá, pois não deu tempo de ela criar forças o suficiente para bater as asas, assim também é com o ser humano. O que você deve fazer é bater as suas asas para despertar as outras pessoas. Você precisa ser insistente, voar sem ter medo, bater suas asas o mais forte que puder, a rajada de vento gerada por você irá chegar no casulo de outras pessoas e elas lá de dentro vão despertar e pensar "existe vida lá fora, estão me chamando para fora, eu nasci para voar também".

TRANSFORMAÇÃO:

Aqui você aprende sobre o jardim, sobre liberdade, sobre deixar as pessoas seguirem o seu próprio percurso e que não existe transformação sem ação. Você para de se importar com a opinião alheia, com o julgamento dos outros, com a falta de maturidade deles. Você já passou dessa fase. Aqui também mora o perigo e já te alerto, não aprisione as pessoas que você ajudou a se libertarem, não se apegue, cuide do jardim, quem tiver que permanecer vai ficar e quem tiver que ir, deixe que vá. Pessoas livres e que foram transformadas de verdade, não aprisionam ninguém.

Capítulo 7 - Energia

Homem e Mulher, dois seres completamente diferentes que possuem dentro de si duas energias, a YIN e a YANG ou se você preferir chamar de Feminino e Masculino. Elas são energias compostas de diferentes aspectos, comportamentos e formas de interagir com o mundo.

A energia feminina está relacionada a vida, ao cuidado, a beleza, aos detalhes, a abundância, ela contém vida e a energia masculina está ligada a direção, ação, organização ao fazer dinheiro. Juntas elas formam a unidade pois, uma dá foco no que é interno e a outra no que é externo. As duas são importantes e ambas transmutam entre si.

Cada uma delas tem um valor idêntico ao outro, são dois pólos que se complementam e um precisa do outro para ter harmonia. Por isso vemos alguns relacionamentos indo de mal a pior nos dias de hoje, pois ambos estão com suas energias em desequilíbrio, tanto o homem quanto a mulher. O conjunto de energias é um fator determinante para a dinâmica entre o casal. Por isso é tão importante que você busque o seu equilíbrio primeiro. Se você não estiver em harmonia com seu corpo, mente e espírito, no seu inconsciente e consciente será impossível ver onde está errando nas ações tomadas, agindo no impulso equivalente a determinada sobrecarga de energia.

É preciso deixar claro para as leigas que **"polaridades"** se trata de energia e não de sexualidade, não é sobre ser homem ou mulher. Preste muita atenção! A energia feminina e a masculina estão dentro de todo ser humano, independente de ser fêmea ou macho. Conhecer as polaridades é muito importante para que possa usá-las de forma intencional e adequada para cada momento. Mais uma vez reforço: **NÃO TEM NADA A VER COM OPÇÃO SEXUAL OU GÊNERO.**

Por exemplo, se você estiver com sobrecarga na energia YANG, masculina, isso te fará se sentir mais cansada, sem paciência e muitas vezes querendo tomar a frente de seu parceiro nas decisões, o que para ele pode ser bem desagradável, ou mantê-lo cada vez mais na zona de conforto. Mulheres dentro do relacionamento vão representar a energia feminina e os homens a masculina, diferente de quando você está solteira e talvez use mais a energia masculina para construir a sua carreira e fazer dinheiro. Uma mulher na presença de um homem deve estar no pólo feminino pois o homem nesse caso vai representar o pólo masculino. Com os casais homoafetivos vai ocorrer do mesmo modo, um deve estar no pólo feminino e o outro no pólo masculino.

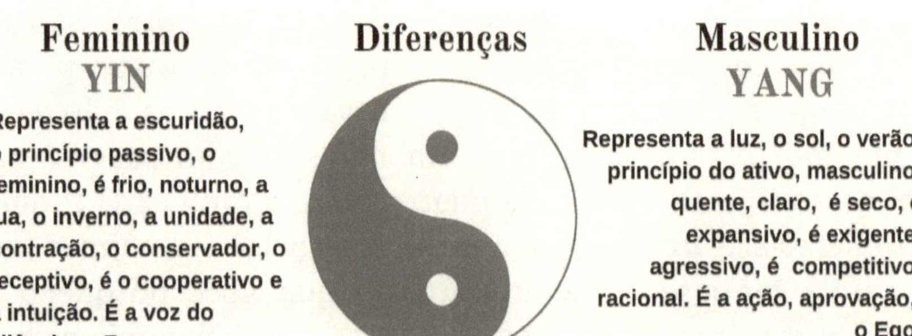

As polaridades estão presentes em tudo, o mundo é dual, e as duas energias fazem parte de você, estão dentro de você. A Yin é mais predominante nas mulheres e a Yang nos homens.

Essas energias nos ajudam a entender que somos diferentes, saber compreender nossos corpos, ver como funciona nossa biologia e até mesmo a bioquímica gerada no corpo da mulher é diferente da gerada no corpo de um homem.

Quando isso fica mais claro e você começa a ver essas diferenças então, pode escolher se quer agir de acordo com a sua natureza ou não, a escolha vai ser sua, e acredito que a essa altura da leitura você já está mais sábia e com a mente mais aberta para fazer a escolha certa.

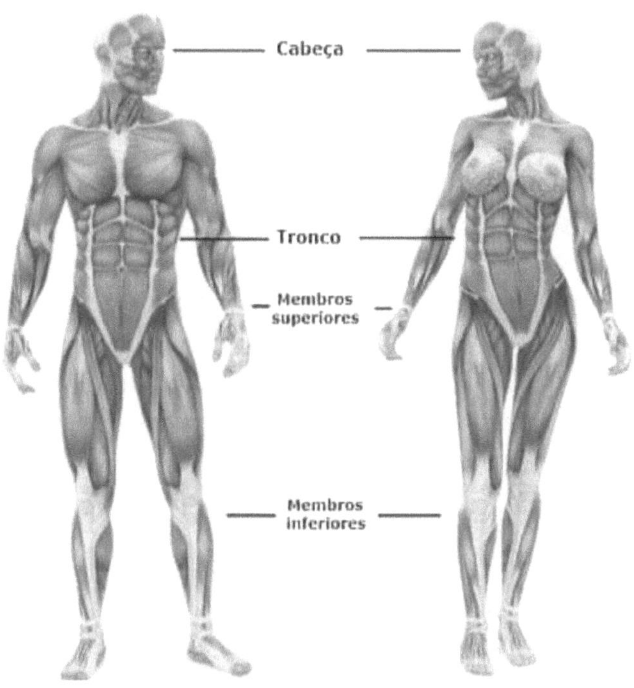

O homem tem uma presença mais elevada de testosterona, e por esse motivo seu corpo físico tende a ser mais linear, quadrado e parecer forte.

Já a mulher tem uma presença mais elevada de estrogênio, e por isso tem o corpo um tanto quanto mais delicado e curvilíneo.

A biologia do nosso corpo, os hormônios e até mesmo nosso aparelho reprodutor mostra claramente a diferença entre ambos.

E claro que isso influencia na mulher ser mais "Yin" e o homem mais "Yang", porém não podemos negar que as crenças a respeito de comportamentos, atitudes, modo de se vestir, de falar e afazeres, também influenciam até hoje dentro de uma mente coletiva o que seria o "papel" do homem e o da mulher.

Quando falamos sobre **YIN-YANG** parece que gera uma confusão geral na cabeça das pessoas, pois muitos acham que ser Yin é ser mulher e Yang é ser homem, e não é bem assim. As duas energias estão dentro de cada ser humano. Sendo assim, um casal homossexual pode conviver muito bem juntos, o que precisa haver entre eles para ter harmonia é, um polarizar mais na sua energia feminina e o outro a masculina.

Agora é inquestionável se tratando de reprodução, alguém querer negar as diferenças entre um e outro. Já que o Homem representando o Yang têm a semente e a Mulher representando o Yin recebe essa semente em seu ventre, nutre e gera a vida de um novo ser, o homem investe, penetra, deposita e a mulher recebe, cuida e multiplica.

As polaridades são a chave da criação, da atração e da realização, isso nos traz a sabedoria da plenitude, para a abundância e também para a prosperidade. Formando assim Pai + Mãe + Filho = Família, a trindade que é representada em muitas mitologias, crenças e religiões. Tudo parte de uma dualidade para geração de algo.

Não entendi Talita, o que você está dizendo? O que quero te dizer é, que dominar as polaridades é a chave de tudo. Sim, é isso mesmo. **É a chave de tudo.**

E como se habilita para entender o domínio das polaridades? Ele se inicia pela compreensão de que um mais um é sempre mais que dois. Sei que parece complexo falar sobre isso ou entender de primeira mão, já que a vida toda se ouviu falar que um mais um é igual a dois, mas o cálculo matemático é simples e não se esqueça que estamos falando de polaridades, energia, e não da sua escolha de ter ou não ter filhos, e mesmo se a sua escolha é não gerar uma vida... Lembre-se que o destino da árvore que não dá frutos é o machado.

Em outras palavras, não só pelo entendimento, mas também pela percepção do fundamento da matemática universal, cuja formulação primária sustenta a seguinte afirmação: 1 + 1 = 3.

O mundo é dual: Positivo e negativo, sensação de cheio e sensação de vazio, masculino e feminino, luz e escuridão, amor e medo, paixão e ódio, plenitude e escassez, presença e ausência, emoção e razão.

Essa bipolaridade é uma consequência natural da própria dualidade da matéria, que ora se comporta como partícula ora se

comporta como onda. (Você pode dar uma olhada no vídeo que deixei a sua disposição para entender o que quero dizer e está relacionado a física quântica.
Está disponível no QRcode - Aponte a câmera do seu celular para o QRcode para abrir o vide-o).

Mas, o que ninguém menciona é a trindade, pois existe o campo do meio: Entre o dia e a noite existe a tarde, entre o cheio e o vazio existe a metade, masculino e feminino gera outra vida, duas mentes que se unem geram um novo pensamento, luz e escuridão geram a penumbra, enfim, acho que você entendeu que existe uma terceira hipótese dentro dessa "dualidade" toda. A soma das duas sempre gera vida, é assim que você sabe que está em equilíbrio, quando as coisas estão fluindo, elas têm vida.

Jesus deixou uma chave poderosa sobre as polaridades e de onde encontrar Deus:

"Porquanto, onde se reunirem dois ou três em meu Nome, ali Eu estarei no meio deles..."
__Mateus 18:20

O nome Jesus é de origem hebraica que significa Salvador. Ou seja, trazendo para as polaridades a união Yin + Yang geram a perpetuação, **SALVAÇÃO** da espécie.

A sabedoria ancestral chinesa do I Ching, não deixa de ser um arquétipo representativo da matéria e de todas as suas associações. A dualidade se manifesta através de tudo, desde a essência da matéria, passando também por definições polarizadas como o bem e o mal.

Até mesmo em uma simples oração, podemos encontrar a dualidade quando pedindo proteção, desvalorizando assim essa oração. Como assim? Se estamos pedindo proteção é porque nos sentimos desprotegidos e, se nos sentimos desprotegidos é porque sentimos medo, logo, para muitas de nós uma oração pode estar gerando a frequência de medo e da falta de proteção, enquanto achamos que ela está nos fortalecendo. E isso também de certo modo anularia sua crença de que Deus é poderoso e te protege, se todo dia você ora pedindo proteção.

Sua mente nesse exato momento deve estar julgando cruelmente o que acabou de ler, e é normal! Você foi condicionada a vida inteira a pensar e agir dessa forma. Muitas de nós aprendemos desde criança a orar pedindo proteção. Não estou aqui para te dizer o que é certo ou errado, apenas estou te mostrando que até nisso existe um contrapondo.

E sei que você vai me retrucar dizendo: Mas foi Jesus que ensinou a oração do **"Pai Nosso"** e lá diz **"livra-nos do mal"**.

Vamos lembrar os 4 versículos que vem antes do pai nosso?

"E, quando vocês orarem, não sejam como os hipócritas. Eles gostam de ficar orando em pé nas sinagogas e nas esquinas, a fim de serem vistos pelos outros. Eu asseguro que eles já receberam sua plena recompensa. Mas, quando você orar, vá para seu quarto, feche a porta e ore a seu Pai, que está em secreto. Então seu Pai, que vê em secreto, o recompensará. E, quando orarem, não fiquem sempre repetindo a mesma coisa, como fazem os pagãos. Eles pensam que por muito falarem serão ouvidos. Não sejam iguais a eles, porque o seu Pai sabe do que vocês precisam, antes mesmo de o pedirem. (Mateus 6: 5-8)

Não estou aqui para gerar conflito na sua mente e sim, para te fazer enxergar a verdade por trás dos fatos, ela está na sua cara, é só você dar uma procurada. É muito fácil pregar para a população que têm preguiça de ir confirmar a origem da história, falar só o que convêm, com certeza é o que faz muitos se sobressaírem frente aos leigos e manipularem as suas mentes, e não dá nem para culpar eles... afinal, quem não busca a sabedoria e não governa a própria mente acaba dando poder e autoridade a quem parece saber um pouco mais.

Passamos tanto tempo olhando para o medo que deixamos de vibrar na frequência do amor, na certeza e na segurança. Um ritual para se proteger pode ser uma maneira de dizer a si mesma que existe algo que lhe amedronta, só não tinha enxergado com clareza.

Agora, se ao contrário do exemplo anterior a oração da pessoa consiste em sentir-se conectada, protegida, segura e plena, sem pedir nada e apenas orar agradecendo, nesse momento ela se encontra na polaridade oposta à da oração citada anteriormente. Então percebemos que uma mesma atitude de oração pode ter polaridades diferentes e consequentemente gerar frequências energéticas muito diferentes uma da outra.

É importante se certificar que está na frequência que deseja (energia yin/feminina), evitando dessa forma atrair para si o que não gostaria. Uma mulher na energia masculina (Yang) com toda certeza vai atrair um homem imaturo.

Outro exemplo é o funcionamento de nosso cérebro, ele não é separado, porém a ciência achou um meio de explicar isso de uma forma mais prática de entendermos fazendo uma "divisão".

O cérebro possui dois hemisférios distintos, sendo o esquerdo lógico e o direito abstrato, se os dois hemisférios entrarem em ressonância numa velocidade elevada, teremos uma elevação da expansão de consciência, então, essa trindade neutraliza o efeito da percepção dual nos permitindo acessar novos estados de consciência, a interagir com realidades paralelas e também a manifestação do poder de criação e realização. (Chamamos isso de efeitos "paranormais" ou hoje em dia na Lei da Atração de "cocriação").

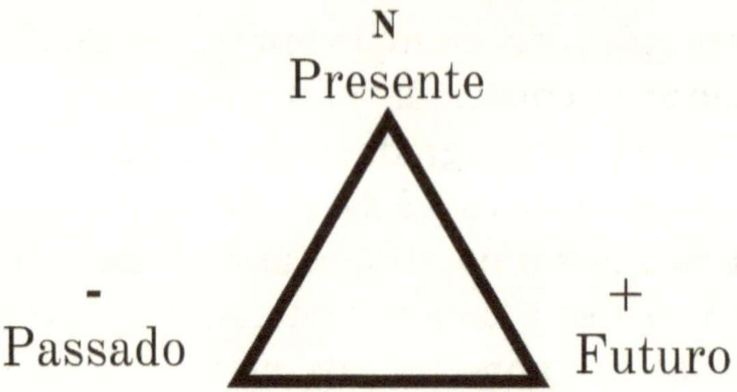

Quando um homem (Yang) se une a uma mulher (Yin) e geram uma criança, ela vem com metade do código de DNA de seu pai e a outra metade proveniente de sua mãe, e mesmo sendo 50% DNA do pai e 50% DNA da mãe, ela traz em si um "algo a mais", então quando a polaridade masculina se equilibra com a polaridade feminina, surge o elemento Neutro (N) e a dualidade se transforma numa trindade. O elemento Neutro (Filho) em si não é a ausência de polaridades, mas sim o efeito gerado a partir do equilíbrio de duas polaridades opostas.

Não sei se você está conseguindo compreender a grandiosidade do que está acabando de aprender, mas para um relacionamento fluir, você precisa estar na sua energia de base YIN, e o seu parceiro na YANG, caso contrário o relacionamento não vai ser frutífero. (E não estou me referindo aos filhos apenas, mas em todas as ações provenientes geradas a partir destas energias). Acredito que agora você já começou entender e acreditar que o domínio das polaridades é realmente a chave de tudo.

Agora que você já sabe que existe uma trindade, podemos continuar com a dualidade do que se diz respeito ao feminino e masculino. Ok!?!

O casal (Homem e Mulher) representam o divino já que unidos tem o poder da criação, e dentro da psicanálise o Carl G. Jung também vai trazer o conceito de Animus e Anima.

Ele vai falar sobre a integração do aspecto feminino e masculino dentro de nós que por sua vez representa o ser completo composto pelas duas partes.

A identificação com a Anima ou com o Animus pode ocorrer por varias razões, entre elas sistêmicas, biológicas e até de identidade.

O livro não é sobre Identidade, mas, eu preciso deixar o meu parecer aqui, tem pessoas que por não saberem quem são se identificam com tudo, e a mais comum é achar que é a profissão: Eu sou professora!

Não querida! Você não é professora, você está na função de professora e pode mudar de área a qualquer momento. Essas identificações sejam com o que for, são um perigo!

Continuando...

Já ouviu falar dos parceiros invisíveis? Isso pode ocorrer justamente pelo nível de identificação com o masculino ou feminino dentro de nós (Yin-Yang/Anima-Animus). Uma menina que negou sua mãe na infância, inconscientemente vai querer agir ocupando o lugar dela (mãe) dentro da família como "parceira invisível" do pai.

Em geral a mulher que age dessa forma na infância, tem uma tendência enorme a se identificar com o Animus (o lado masculino/ Yang dentro de si, sua energia masculina). É a mulher mais racional, que toma a frente, as decisões, ela é mais dura, assim não precisa explorar nem demonstrar as suas emoções e muito menos se sentir vulnerável.

Essa mulher tem medo de olhar para a sua criança interior que é tão indefesa e vulnerável, então se veste com uma "armadura" que lhe dá a "falsa" sensação de proteção e a impede de viver a vida com mais leveza, doçura, espontaneidade e harmonia.

São as expectativas frustradas de uma criança que quando "adulta" ocupa um lugar que não é dela, porque a mãe não atendeu as necessidades maternas ou não foi a esposa perfeita para o papai.

O que essa "adulta" não enxerga é que, todo adulto já foi uma criança, e assim como ela está agindo em um "papel" que não é seu, aquela mãe também estava agindo conforme suas crenças e identificações internas. Só que chega um momento na vida que essa mulher é convidada a deixar esse papel que não lhe pertence de lado, largar essa responsabilidade sobre os ideais não vividos de seus pais, e aceitar sua mãe do jeito que ela é (independente de estar viva ou não), essa aceitação é validada em seu coração, assim poderá ser livre para viver a sua própria vida, sem precisar carregar mais uma "armadura" e acolher de vez a *Mulher Feminina* que sempre esteve ali e ela não conseguia ver.

Esse é apenas um exemplo da forma sistêmica de enxergar a realidade da dinâmica familiar, e para muitas pode pesar bem mais do que estar na "energia errada". A dinâmica apresentada no exemplo se fosse ao contrário e com um homem no papel, teríamos o famoso "filhinho da mamãe".

Teremos essas energias presentes na astrologia também, trazendo as polaridades no círculo do Zodíaco em dois grupos distintos de seis signos cada, que são categorizados como Masculinos (Ativos, Yang) e Femininos (Passivos, Yin).

As características se alternam uma após a outra, começando por Áries (Masculino), seguido por Touro (Feminino), Gêmeos (Masculino) e assim por diante, até sua finalização em Peixes.

Os signos do pólo masculino tendem a comportamentos mais extrovertidos, entusiasmados, expansivos, de boa expressão e são comunicativos: Áries, Gêmeos, Leão, Libra, Sagitário e Aquário.

Já os do pólo feminino possuem comportamentos mais introvertidos, internalizados, profundos, intimistas e tranquilos: Touro, Câncer, Virgem, Escorpião, Capricórnio e Peixes.

A energia Yin é dividida nos elementos Água e Terra. Em resumo, podemos juntar ao seu conceito as palavras: Feminino, mãe, terra, lua, inconsciente, sentimento, intuição, o eu interior, sonho, coração, conteúdo, voltado para o interior, o fluxo da vida, pacifismo, atração, economia de energia, cura, preservação, orgânico, fluente, etc.

A Água é o elemento emocional e subconsciente, influenciando as pessoas a agirem de acordo com seus sentimentos e estados de espírito. A Terra é o elemento prático e material, influencia as pessoas a agirem de acordo com o que é mais sólido e seguro para elas.

A energia Yang é dividida nos elementos Ar e Fogo. Em resumo, podemos juntar ao seu conceito as palavras: Masculino, pai, sol, consciente, compreensão, lógica, Eu, exterior, decisão, risco, energia, construção e destruição, abstração, ordenação, sobriedade, patriarcado etc.

O Ar é o elemento social, influencia as pessoas a buscarem novas informações para expandir seu intelecto. O Fogo é o elemento idealista, ele excita e influencia as pessoas a perseguirem objetivos compatíveis com seus ideais e ambições.

E como tudo nessa vida precisa de um ritmo para o fluxo fluir, vou aproveitar que estamos falando de signos para te mostrar rapidamente.

RITMO DOS SIGNOS

Além dos elementos, podemos dividir os signos em ritmos: Cardinal, fixo e mutável. Nesse caso, cada um dança conforme uma "música".

Os cardinais têm uma energia mais voltada para o começo (como um atleta de corrida que é especializado em curtas distâncias). Áries, Câncer, Libra e Capricórnio.

Os fixos possuem uma energia de concentração maior no meio de um processo (como um atleta de médias distâncias). Touro, Leão, Escorpião e Aquário.

Os mutáveis têm como diferencial sua energia voltada para os fins (são os que se dariam melhor em uma maratona, por exemplo, iriam aumentando seu desempenho ao longo da corrida até dar o "tiro" final). Gêmeos, Virgem, Sagitário e Peixes.

Lembrando que esse conhecimento é apenas para abrir o seu leque de opções e ver que as polaridades e fluxo de movimento da dança da vida está presente em tudo. Não se apegue ao que leu anteriormente, lembra o que eu já te ensinei sobre o cérebro? Então, não coloque na sua cabeça que "você é assim" por causa do seu signo. O real poder está na mente! Você pode mudar e transformar tudo o que desejar.

Sem nunca esquecer que: ***Sem ação, sem transformação!***

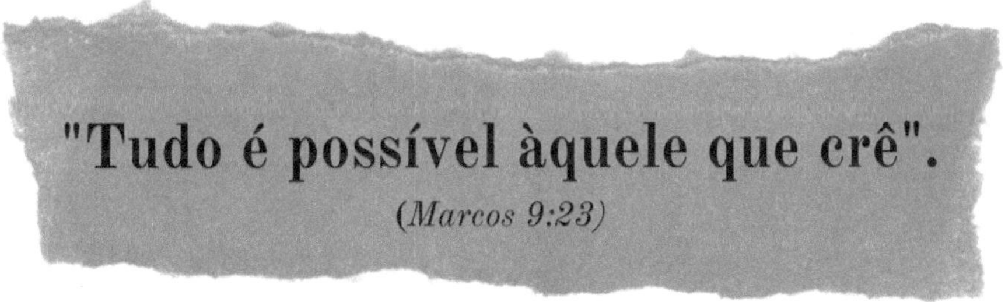

Capítulo 8 – Dependência Emocional

"Quem ama cuida" esse é o lema da cuidadora, pena que a maioria das mulheres que carregam esse "lema" não se amam e não se cuidam, não é verdade?

Uma pessoa com características de dependência emocional, devota sua própria vida ao bem estar alheio, coloca sempre os outros na frente de si seja ouvindo o problema dos outros, fazendo favores, assumindo responsabilidades que não são suas, provendo ajuda financeira ou emocional e até mesmo se tornando uma "babá" das pessoas.

Essas pessoas já são adultas, elas não precisam de uma "babá", mas a pessoa que se dedica a cuidar dos outros se sente na obrigação e não consegue dizer não.

O engraçado é que essa mesma pessoa sempre diz que não tem tempo para cuidar de si, que vive exausta, e de fato deve estar, afinal ela cuida de todos, carrega o mundo nas costas, mas... Não cuida de si mesma.

Mulheres com dependência emocional acabam criando uma fantasia na cabeça de que é delas a responsabilidade de tudo e todos a sua volta ficarem bem.

Essas mulheres entregam o máximo de si, mas quando é sobre elas mesmas, não tem forças. Isso vira um ciclo vicioso e quando alguém não precisa mais da ajuda delas ou se sente sufocada e tenta se afastar, essas mulheres acreditam que foram usadas, ficam tristes, acham que foram injustiçadas.

O que elas não enxergam é que ninguém pediu a ajuda delas, foram elas que foram lá ajudar pela necessidade emocional de se sentirem úteis. E mesmo se alguém quiser a ajuda delas por um tempo, mesmo elas não tendo condições, elas não sabem dizer não.

Eu estou aqui falando com mulheres, mas isso acontece com homens também, todo ser humano está sujeito a desenvolver problemas emocionais se não governarem suas emoções e clarificarem a mente.

Analise a seguinte historinha: "Minha irmã é uma coitada, tudo que ela faz dá errado, ela se esforça tanto, mas parece que não consegue dar certo na vida. Então eu fico com dó e acabo ajudando ela no que precisa, as vezes ajudo no aluguel ou a pagar a escola dos filhos, já tentei arrumar um emprego melhor para ela, coitada! Meus pais já são idosos, e eu fico preocupada se eles precisam de alguma coisa, se precisam que leve eles para algum lugar, e me preocupo até com a possibilidade deles virem a sofrer algum acidente. Eu falo com eles todos os dias e procuro estar sempre presente, vai que alguma coisa acontece com eles? Eu me sentiria muito culpada! O meu filho já é grandinho, mesmo assim eu fico preocupada, sabe como é nos dias de hoje, essas influências e o mundo anda muito perigoso, não dá para descuidar não! Eu sempre ligo para ele, eu gosto de saber se ele está bem, com quem ele está saindo, eu sou uma mãe presente sabe?! E é difícil isso hoje em dia, uma mãe assim cautelosa e que se importe de verdade."

Algumas pessoas acreditam que a missão delas é cuidar dos outros. Elas cuidam da família, dos amigos, dos vizinhos, dos colegas de trabalho e até de pessoas desconhecidas.

Elas acreditam que a vida delas se resumem a serem úteis

para os outros, servindo ou cuidando deles e inconscientemente acreditam que o bem estar dos outros é responsabilidade delas e que se alguém não está bem, é papel delas fazer algo para garantir que a pessoa fique bem, elas estão sempre atentas com o que "pode" acontecer com os outros.

E é triste olhar para alguém que não consegue enxergar e ter consciência do que está acontecendo. Só falar não adianta, o nível de consciência da pessoa não deixa ela realmente entender o que está acontecendo, é capaz dessa mesma pessoa ler esse livro ou receber a informação e ainda dizer: *"Eu conheço uma pessoa que é bem assim, vou levar essa informação para ela, pois ela precisa de ajuda."*
Entende? A pessoa não vai se reconhecer na situação, ela vai enxergar isso em terceiros, mas ela sempre vai se convencer com o discurso de que ela é apenas a boa samaritana que ajuda todo mundo e é a última pessoa que precisa de ajuda ou de terapia.

O que faz com que ela deixe a própria vida de lado, suas necessidades e os seus desejos. E é assim que o distúrbio de uma dependência emocional se manifesta na vida de algumas pessoas.

E de onde isso vêm? Lá da infância quando essa pessoa recebe a responsabilidade por cuidar de algo ou alguém que vai além de sua capacidade, pois a criança deveria estar vivendo a fase de criança. A cena mais comum é quando a criança recebe a responsabilidade de cuidar dos irmãos ou da casa enquanto os pais estão trabalhando, e elas fazem isso acreditando que se não o fizerem não serão amadas pelos pais, que isso seria uma moeda de troca.

Quando uma criança "aprende" que precisa cuidar de algo ou alguém para poder ser amada, isso a tornará uma adulta imatura e dependente. Falo disso com propriedade, eu vivi isso na pele.

Outra cena é quando os pais obrigam a criança a trabalhar desde cedo, e ela se sente responsável pelo sustento da casa, frases como "esse menino já tem idade pra pegar numa enxada", "essa menina já tem idade para trabalhar em casa de família", essas frases são típicas de situações assim. E por vezes a criança nem foi obrigada pelos pais, mas ao ouvir essas frases ela se sente obrigada a assumir esse papel de sustentar a casa. E mesmo sendo tão novinhas, as crianças são muito inteligentes e intuitivas, começam a reparar que de fato os pais estão passando por alguma necessidade e querem ajudar.

Uma terceira cena é quando a criança presencia alguma violência doméstica, ou discussão entre os pais e toma parte de um dos lados, acreditando que precisa proteger o pai ou a mãe.

Existem vários outros casos que a criança acaba se colocando nesse papel de cuidar ou proteger acreditando que precisa ser um pilar de sustentação em um ambiente, uma situação ou relação problemática.

Tem criança que cuida do pai, mãe alcoólatra ou doente, deprimida, criança que assume o papel de marido ou mulher quando os pais se separam (como vimos no capítulo anterior), criança que assume o papel de mãe ou pai dos próprios pais, tendo assim que "amadurecer" e tomar decisões de adulto mesmo sendo tão novinhas.

Tem aquelas que guardam os segredos dos pais quando eles desabafam sobre o casamento ruim, sobre os problemas pessoais ou quando elas descobrem uma traição e o pai ou a mãe pedem para ela não contar.

São inúmeras as situações onde as crianças assumem papeis ou responsabilidades que não são delas e acreditam que só serão amadas se cuidarem, protegerem e carregarem um peso que não é delas.

Talvez uma dessas cenas seja o seu caso ou que você estava cometendo sem perceber com os seus filhos. Reflita sobre sua infância: Quais padrões vem se repetindo na sua vida, situações, pessoas que chegam até você e sempre tem o mesmo fim, o mesmo comportamento, segue a mesma rota? O adulto só replica o que aprendeu na infância e como é algo inconsciente muitos não percebem, é preciso trazer essas memórias para a consciência se quiser mudar.

Devido as situações já citadas, essa criança aprende outra coisa nesse processo, acredita que ela não pode dar trabalho para os outros, afinal, se os pais já estão com problemas de mais a ponto dela precisar "ajudar" eles, ela entende que não pode ser "mais" um "problema" na vida deles. Então, essa criança aprende a ser forte e sofrer sozinha e em silêncio com os problemas dela.

Ela aprende que precisa se virar para resolver a vida sozinha e que os pais não vão aparecer para cuidar dela, porque é ela quem já cumpre esse "papel".

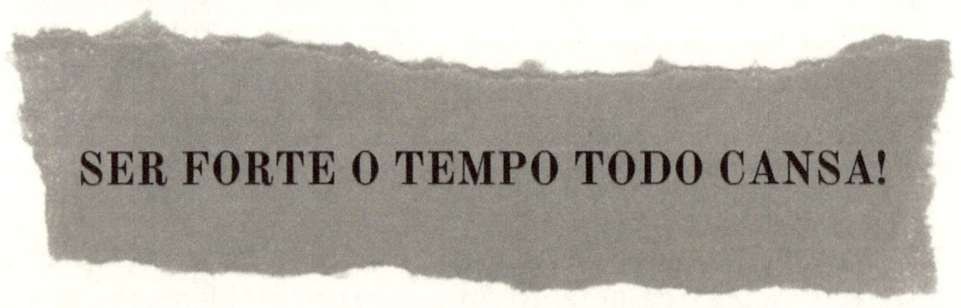

É exatamente aí que começa acontecer as coisas "ruins" com essa criança e ninguém fica sabendo, ela sofre bullying e não conta, sofre violência e não conta, se sofre abuso sexual não conta e ela não vai contar! Pois na cabecinha dela os pais não podem ter mais um problema para resolver e se ela der "trabalho" para os pais, ela não será amada por eles.

Essa mesma criança cresce, se torna uma jovem, uma mulher, inteligente e responsável, ela aprendeu cedo a ser madura, porém essa "maturidade" não foi natural e como antecipa as fases do desenvolvimento, ela acaba ficando "cega" emocionalmente.

Ela é carente de atenção, ela age como menina, ela se entrega fácil porque no inconsciente ela está programada acreditando que precisa dar tudo de si se quiser ser amada. Essa mulher cresceu sem saber o seu verdadeiro valor, não faz a mínima ideia da sua verdadeira Identidade, tem a autoimagem distorcida, então ela acha que a vida é assim e que é normal ser trada desse jeito.

Eu já atendi uma centena de mulheres e a maioria de 35 anos para mais, são mulheres que não percebiam a importância de cuidarem de suas emoções e desenvolverem consciência da gestão de sua própria vida. Então eu lhe asseguro que se você se deixar para depois o que imagina que irá acontecer? É exatamente isso, uma vida cheia de ilusões pautada na desarmonia entre seu corpo de adulta e sua criança interior machucada tentando te governar. Ela não faz por maldade, ela quer apenas te mostrar onde está a raiz da ferida para que você possa curar e se libertar dessas amarras emocionais. Quem se deixa para depois nunca colherá os bons frutos plantados no agora.

Quem não cuida da própria vida e vive cuidando da vida dos outros não enxerga o vazio existencial interno e vai se anulando, se afastando cada vez mais de si mesma. Cuidado!

A mulher com dependência emocional vai se sentir frustrada, pois mesmo fazendo de tudo ela não recebe o que "espera", não recebe aprovação, não recebe amor, ela se sente no dever de fazer cada vez mais pelo outro, acaba se tornando insegura e muitas entram em relações toxicas e abusivas por conta disso.

Vou te contar algo muito pessoal porque acredito que pode te ajudar. Minha mãe tem exatamente essas características, ela anulou a vida inteira dela pelos outros, começou no casamento abandonando tudo pelos sonhos do meu pai, se estendeu para as filhas e hoje em dia ela não consegue dizer NÃO para minha tia. Eu cresci sem atenção dos meus pais, eles sempre estavam trabalhando e eu ficava com a minha avó, e quando eles deveriam estar comigo adivinha? eles me colocavam na frente da TV pra ver filmes de terror aos 4 anos de idade, e isso se estende até hoje, quando vou conversar com minha mãe ela diz: "Agora não! Eu estou vendo a novela". A primeira coisa que vem a minha mente é: "Ela passa três horas no telefone com a minha tia, mas eu que sou filha ela não tem um segundo para me ouvir". Esse pensamento é fruto de uma infância onde minha criança interior interpretou e armazenou todos os momentos onde se sentiu rejeitada.

Eles viviam me dando presentes, eu cresci sendo muito mimada, e óbvio que isso me "estragou". Eu não culpo eles, parte disso já está resolvido dentro de mim, porém eu me vi aos 30 anos sem saber fazer nada, eu desenvolvi um bloqueio emocional vindo de uma raiz de rejeição e na fase adulta comecei a me sentir sufocada e triste, pois tudo o que eu queria era amor e que alguém sentasse comigo, tivesse paciência e me ensinasse a fazer as coisas. Por várias vezes eu peguei minha mãe limpando minhas coisas, entrando no meu quarto, indo no escritório limpar a mesa, quando eu pendurava roupa no varal ela ia lá e ajeitava, na cabeça dela isso é um ato de amor, e você deve estar me julgando agora pensando: "Talita, ela estava te ajudando, você está sendo ingrata, pois ela estava cuidando de você".

Eu posso te afirmar que a intenção genuína não causa transtornos para quem recebe a ação, várias vezes eu e minha mãe discutimos e eu falei aos berros: "Você não têm vergonha na cara! você não consegue dizer eu te amo e ai fica tentando me "agradar" de outras formas, já falei várias vezes que sempre que você se antecipa indo fazer algo por mim isso me incomoda e eu me sinto incapaz, pois parece que tudo o que eu faço está errado e você precisa refazer, você não é capaz de me abraçar e mesmo a gente já tendo brigado várias vezes, você continua vindo mexer nas minhas coisas, parece que você gosta de ser humilhada!" (A forma que eu gritava com ela não está certa, mas não é sobre eu estar ou não certa, é sobre uma pessoa com raiz de rejeição que só queria ouvir um eu te amo e outra com dependência emocional que só queria ouvir um obrigada).

Essa dinâmica só tem duas saídas: Ou se "matam" ou uma sai fora.

Resumo da opera, eu repeti esse padrão de rejeição que aprendi na infância por um longo tempo, nos relacionamentos, todos eu dei um jeito de me pôr em situações humilhantes, nas amizades, no trabalho, sempre entregando o meu "tudo" para fazer os outros enriquecerem, e mesmo quando larguei a CLT e tendo estudado muito para ser excelente no que faço hoje, eu não consegui cobrar os meus primeiros atendimentos achando que meu trabalho não tinha valor.

Se você sofre com algum tipo de dependência emocional, isso não é brincadeira ou frescura! Eu cheguei a ter depressão por conta da desordem emocional e mental, **não se deixe para depois!** E aprenda uma coisa, as pessoas vão tirar sarro de você muitas vezes, vão dizer que é frescura, não vão te compreender, não deixe isso te destruir! E ainda que essa falta de compreensão venha das pessoas que você mais ama, assim como no meu caso com minha mãe, não é mais sobre ela, é sobre minha saúde mental e emocional entende? Se ela não quer mudar eu não posso fazer isso por ela, eu só posso fazer isso por mim mesma. Eu amo ela, mas a minha vida é tudo o que eu realmente tenho, todo o restante vai passar, e se de fato eu quiser ajudar mais centenas de mulheres, eu preciso estar bem. **Quem não faz parte do propósito não vai seguir junto, você precisa saber disso.**

" Ora, o SENHOR havia dito a Abrão: Sai-te do
teu país, e da tua parentela, e da casa de teu pai,
para uma terra que eu te mostrarei."
(Gênesis 12:1,2)

É sobre ser fruto, árvore, gerar novos frutos e ser testemunho vivo nessa geração, honrar pai e mãe não é aceitar tudo o que eles falam e também não é correto viver em pé de guerra, por isso não seja apegada ou se sinta devedora, nossa única dívida é de amor e você já entendeu que amor é dor também, é escolher calar pra não magoar, é entender que você está com uma nova consciência, mais madura que eles que ainda estão aprisionados pelas dores e interpretações errôneas do passado, e a mudança deles pode nunca ocorrer, vai depender deles, e não vai ser você na força do braço ou das palavras que vai mudar a mente deles. O que de fato poderá ajudá-los é você se tornando o testemunho vivo e transbordando amor.

Talita, eu não recebi amor, eu não consigo amar! Você é amada e muito desejada antes de a fundação do mundo. Deus te amou primeiro, e o fato de você acreditar nEle ou não, não vai anular a existência dEle. Entenda uma coisa mulher, o amor que damos a alguém nem sempre vai nos retornar da mesma pessoa a qual foi entregue esse amor, mas ele sempre volta até nós, isso é a lei do plantio e da colheita, e se você está dando amor esperando receber algo em troca... Não é amor!

Se você já é adulta saiba que honrar pai e mãe é ser grata pela vida que lhe foi dada, é ser madura, é ir para a vida e fazer dela algo incrível, é viver de fato uma vida extraordinária e eu te pergunto: **O que você deseja viver?**

Para a criança que passa pelo processo de amadurecer antes da hora a parte mais dolorosa é que essa criança que se tornou "mulher" acredita fielmente que o "problema" é ela, que ela é quem está errada, que ela que não fez o suficiente para merecer o "amor" que gostaria.

E toda essa preocupação e cuidado que ela tem com os outros na verdade é só uma forma de se distrair, para não ter que olhar para dentro de si, para encarar o vazio desesperador que existe dentro dela, cuidar dos outros parece mais fácil do que encarar os próprios "demônios".

Isso acaba se tornando grave com o passar do tempo, a solidão vai apertando, mesmo para quem está dentro de um relacionamento muitas vezes, e ainda assim se sente só, algumas entram até em depressão, pois o que essa pessoa precisa não vai vir dos outros, esse cuidado e essa validação só será preenchida quando a própria pessoa reconhecer isso e fizer por ela, se amando, se voltando para dentro, e isso é necessário para se curar e acolher a sua criança interior que se sente abandonada desde a infância. Mulher, a sua criança hoje é responsabilidade sua.

Esse capítulo é muito importante, pois entender a dependência emocional vai te ajudar a fazer escolhas melhores para a sua vida, aprender a dizer não, parar de se importar com o que os outros pensam a seu respeito, reconquistar o seu amor próprio, e não deixar mais os seus sonhos de lado. Essa clareza que você está tendo aqui vai lhe ajudar a destravar sua vida, a parar de ter pena de si mesma e dos outros, a não ser mais vítima da sociedade e finalmente olhar para a vida com outros olhos. Parar de repetir um padrão da infância de cuidar e se responsabilizar

pelos outros, acreditando que apenas assim será amada e
reconhecida.

Sabe qual é o par que combina com esse tipo de mulher? Os
"coitadinhos", aqueles homens onde nada dá certo na vida
deles e essas mulheres se sentem na obrigação de salvar eles, de
cuidar deles. Lá no fundo são apenas duas pessoas machucadas
tentando se ancorar em algo.

Essa pessoa nem ambição tem, ela até pode dizer que gostaria
de ter uma vida melhor, com mais conforto e mais dinheiro
para "ajudar" os outros, mas como ela não consegue se priorizar,
focar em seus sonhos, seus desejos, suas vontades, logo não
consegue priorizar a vida financeira como algo importante por
achar que isso seria de algum modo ofensivo aos demais, isso
também está ligado ao se sentir devedora inconscientemente
ao padrão familiar, se as gerações passadas tiveram muita
dificuldade financeira... ela se sente na obrigação de manter o
mesmo padrão, pois se ela quebrar a corrente familiar vai se
sentir culpada ou os próprios familiares vão começar a julgar
ela: "Nossa, ficou rica agora tá metida!", "Cuidado pra não deixar
o dinheiro subir pra cabeça", "Ela deve estar mexendo com coisa
errada, só pode!", etc.

Essa pessoa não sabe lidar com o julgamento alheio, se ofende
e se magoa com facilidade, se cobra demais e se ocorrer algum
tipo de desentendimento ela é a primeira a ir pedir desculpas ou
se "humilhar". Pessoas com esse tipo de dependência não fazem
muito dinheiro, geralmente estão envolvidas com trabalhos
voluntários e quando têm algum dinheiro sobrando, elas doam
para ajudar na comunidade. Isso faz com que elas recebam
"reconhecimento" e "aplausos", e assim vão levando a vida,
repetindo esse padrão e cuidando de tudo e todos, mas nunca
pensando verdadeiramente em si. Uma grande ilusão que aos
olhos dos outros a sua volta pensam: "Nossa, como essa pessoa
é boa, mesmo com as dificuldades ainda consegue ajudar os

outros", mas a verdade é que essas pessoas só estão camuflando sua dor inconsciente e não conseguem cuidar de si mesmas.

Assumir o papel de guardiã do bem estar geral é um peso muito grande e visivelmente impossível, cuidar da própria vida já é uma grande aventura e ainda assim em alguns momentos certas situações não são passível de controle, então, imagina o que pode causar acreditar que cuidar de tudo e todos é possível e que seria a única forma de receber amor e reconhecimento? Complicado né?!

Você é a pessoa mais importante da sua vida! Então não deixe de olhar para você com amor, com carinho, com a atenção devida. Eu vou te dar três chaves para começar aplicar na sua vida ainda hoje, elas se dão em forma de perguntas:

Primeira: Você consegue fazer uma escolha sabendo que ela vai desagradar alguém que é importante para você?

Segunda: Você é capaz de escolher o que é melhor para VOCÊ se isso fizer com que seja julgada e criticada pelas pessoas que considera importante na sua vida?

Terceira: As expectativas e as opiniões dos outros pesam na hora de você tomar decisões?

Obs: Lembrando que no caso de um casamento é necessário um comum acordo na hora das decisões do que se referem aos dois, uma vez que o casamento os tornam "uma só carne".

Se você respondeu **sim** para uma das perguntas, analisando dentro daquilo que se refere as suas decisões como individuo, você tem algum nível de dependência emocional e que podem estar contribuindo na sua vida hoje para se sentir travada ou perdida.

E você pode estar muito motivada nesse momento, planejando em sua cabeça mil ações para mudar a situação de como se encontra sua vida, porém se você não se colocar de fato no centro da sua vida como a pessoa mais importante, em breve esses padrões voltam a se repetir e você não vai nem perceber, somente quando já tiver passado algum tempo.

Amor próprio é fundamental para a jornada do autoconhecimento, amadurecimento e uma real mudança de vida. Não basta entender, é preciso pôr em prática diariamente. Um exemplo é quando você está motivada e entra em um ambiente onde todos estão só reclamando da vida e de repente você se pega falando mal junto com eles, esse processo de sair da "dependência emocional" é bem parecido.

Assim como o ser humano precisa tomar banho todos os dias para não cheirar mal é com o autocuidado, com o amor próprio, auto validação, é se escolher todos os dias, é olhar para você todo santo dia e agradecer por Deus ter te dado o dom da vida, o poder de escolher o que é bom ou não para si e perceber que se todos fossem embora, você poderia contar consigo mesma.

"Quem vive para agradar, não se agrada da vida que leva."

Então, se valorize!

Capítulo 9 – O Masculino

É preciso tomar cuidado com a supervalorização do masculino, visto que o inconsciente e consciente coletivo a muito tempo falam sobre o masculino dando a entender que tem um maior valor, como se fosse superior ao feminino, já que a mulher em geral é vista como frágil.

Nós que já estamos conscientes que ambos possuem as duas polaridades, sabemos da importância de acessar a energia masculina, pois é ela que nos fornece o poder da ação, realização, raciocínio lógico, o foco entre outras características. E acho necessário explicar isso, para que mais mulheres compreendam as diferenças entre cada pólo e que se quiser usar da forma errada é por conta e risco pois, uma coisa é você não saber e agir pelo inconsciente, outra coisa é você saber e não buscar mudar e observar o padrão comportamental.

Querer estar ao lado de um homem que exerça o masculino, mas não deixa-lo agir e tomar a frente dele, não faz sentido nenhum, se você dominar as polaridades, irá se surpreender ao usar as energias de forma adequada para cada situação.

Estar no masculino, ativada na "guerreira" e identificada com o Animus, dentro do relacionamento vai bater de frente com o racional e o ativo, sendo que o feminino é receptivo e emocional. O convite para o profundo deve ser subjetivo, mas se você estiver no lugar do comandante essa intensão se perde, ela passa a ser objetiva, e o relacionamento não receberá os cuidados devidos e complementares. A mulher que toma a frente do homem não abre espaço para o masculino dele fluir e nem permite o seu feminino florescer.

O feminino tudo sente e conduz, e o masculino tudo idealiza e realiza. Mulheres se relacionam com o **simbolismo** e homens com a **matéria**, a mulher vai dizer a sua amiga:

"- Estou saindo com um chefe de cozinha".
Homens vão dizer:
"- Estou saindo com uma morena, de olhos verdes".

A mulher que vive reagindo a tudo, querendo tomar a frente, demonstrar uma confiança inabalável e respondendo com senso ofensivo, na verdade é porque ainda não sabe o seu valor, ela só acha que sabe, então sente a necessidade inconsciente de provar ele para as pessoas.

Quando pensamos no masculino logo nos vêm à mente um homem forte, potente, pronto para a guerra e isso é potencialmente do Animus. Já ouviu a frase *"Combater o bom combate"*? É isso que o masculino é, significa a firmeza, a ancora e o poder do Espírito.

Olhamos para o masculino e ficamos fascinadas com a ação, o poder, a conquista e sem pensar duas vezes também queremos ter isso. E de fato é bom poder sentir o prazer de conquistar e tomar posse, mas, dentro da relação isso não vai ajudar a somar, apenas dividir e podendo levar ao fracasso, em águas claras uma separação.

Quando fazemos as pazes com o nosso feminino, a nossa Anima, tudo fica mais leve, e obviamente nos tornamos diferentes dentro da relação, ao invés de reativas passamos a ser mais receptivas, amáveis e saberemos exatamente a hora de deixar o Animus agir sem sermos dominadas por ele.

Algumas mulheres chegam ao extremo, assim como foi o meu caso, eu fui tão guerreira que quando percebi estava perdida de mim mesma. A pior parte nisso é que quanto mais longe da nossa essência ficamos, mais longe é para voltar depois.

Quando eu cheguei no auge da energia masculina, fiquei tão perdida e cansada, que passei por uma relação abusiva onde cheguei a apanhar, e mesmo apanhando a cegueira emocional e inconsciente não me deixavam ver a realidade da cena.

Ser vulnerável não **é ser fraca ou perder poder**, estar na energia feminina nada mais é do que exercer esse poder que não vem da força e sim, o poder que vem da escolha, que vem de dentro, que é permissivo, que confia, que se põem a serviço, se tornar companheira, que sabe conduzir, que sabe receber (ser receptiva).

O prazer da mulher está em se sentir protegida, segura para poder se entregar, o do homem é se sentir amado, validado e respeitado, só assim os dois se entregam um para o outro e se complementam. Achar que todos os homens "são iguais" é tolice, que vulnerabilidade é ser inferior e que a torna submissa a liderança dele e que isso não te proporciona prazer é ignorância.

A mulher não tem que se entregar para "qualquer" homem, isso sim é agir no desespero, na imaturidade, no medo de ficar sozinha.

A mulher feminina (Yin) vai buscar um homem em que ela possa confiar e se entregar de corpo e alma, um homem que estaria disposto a dar a vida dele por ela.

> *"Marido, ame a sua esposa, assim como Cristo*
> *amou a Igreja e deu a sua vida por ela."*
> (Efésios 5:25)

A mulher imatura vai ser insensata e achar que submissão é aceitar o julgo de qualquer homem, e ela está completamente enganada. Além dela estar agindo com imaturidade em ausentar a própria autorresponsabilidade de ter escolhido aquele parceiro, o seu egoísmo infantil a faz achar que esse homem deve fazer de tudo por ela, quando ela não está disposta a fazer nada por ele e nem por ela mesma na verdade. A sua própria insegurança em não se sentir boa o suficiente a faz agir como um general, sua casca grossa não lhe deixa perceber que suas atitudes é que estão afastando o parceiro e por consequência não consegue se entregar a relação.

O êxtase que a mulher busca está no profundo, em ser envolvida e possuída pelo masculino maduro, que sabe tratar com liderança e amor, que não a faz se sentir usada apenas pelos prazeres da carne, mas que é forte, confiante e seguro, que toma atitude e olha pra vida com os olhos da sabedoria expandindo a perspectiva.

Grande parte das mulheres estão tentando ser dominantes ou agindo como meninas mimadas, nenhuma dá espaço para o masculino maduro se aproximar. Uma quer tomar o lugar do homem e depois reclama que ele não faz nada e a outra só quer receber, mas nunca disposta a servir.

Não são os homens que são todos iguais! É o seu padrão de atitudes repetitivas que atrai o mesmo tipo de homem, ou acaba gerando o mesmo tipo de reação nas atitudes masculinas.

É mera ignorância achar que vai plantar batata e colher tomate. Se não mudar as atitudes, os comportamentos, irá continuar obtendo os mesmos resultados. A cegueira inconsciente e espiritual não deixa a realidade ser vista de fato como ela é. Não adianta se isolar e ficar sozinha, isso também não vai resolver seus machucados internos, fugir da dor vai lhe gerar mais dor no futuro.

A mulher sem identidade ativada e que está desgovernada, uma hora está consciente noutra está sendo guiada pelo inconsciente (criança), ela quer um "Rei" mais não se tornou "Rainha" e ainda se sente no direito de achar ruim por esse rei não aparecer.

Ela vai buscar por joguinhos, cursos de sedução, como aprender a manipular os homens... Tudo isso funciona em um primeiro momento, mas nada disso mantem um relacionamento pois, a manutenção é a parte mais importante e a mais difícil também, só atinge esse nível quem já entendeu e começou a cuidar da própria vida como prioridade. E você já sabe que isso é verdade, você só está lendo esse livro hoje porque em algum momento se perdeu de si mesma, as áreas da sua vida começaram a desmoronar e tem sido um desafio voltar "para casa" e assumir o papel de dona dela.

O feminino dança entregue a sensação, quer experimentar o prazer de ser domada e conduzida pelo salão, envolvida pela energia masculina que a faz se sentir poderosa em ser livre pela proteção dos braços de seu amado.

Você não tem que provar nada para ninguém! É quando você se compara consigo mesma, quando você ultrapassa suas próprias barreiras, quando você supera os seus limites de um modo positivo... é aí que você transcende, e isso se chama TRANSFORMAÇÃO!

Então não é sobre exaltar o masculino tornando-o supervalorizado, é entender que um complementa o outro e é essa união de ambos que faz florescer o melhor de cada um.

Eu sou forte, mas por saber como funcionam as polaridades, escolho descansar onde me faz feliz. Saber delegar é um ato de sabedoria que gera companheirismo e cooperação mútua.

Elevar o parceiro é elevar a si mesma, ele é parte do seu ser quando se tornaram uma só carne. O bem que se faz a ele a ti retorna e o mal também.

Capítulo 10 – Faces

Falar sobre sexo ainda é um grande tabu para muitas mulheres, visto que durante a história os "papéis" se inverteram e as "fragilizadas" carregam um grande préconceito contra o próprio corpo. Onde o toque para conhecer o seu corpo deu lugar a "masturbação" e assim gerando um grande mal entendido.

A formação dos papéis sexuais por uma visão psicodramática da dinâmica de gênero em uma aproximação mais abrangente e considerando os estudos já existentes sobre o tema, nos leva a perceber que o sexo sociológico (ciência que estuda as relações entre as pessoas), fala da diferença entre o masculino e feminino. Ao longo da história do desenvolvimento humano foram construídas teses por meio do aprendizado social.

Em termos mais simplórios, podemos comparar ao telefone sem fio, no início existia uma relação entre a verdade, o prazer e o divino, mas o próprio ser humano insatisfeito com sua autoimagem distorcida, identidade afetada e inquietação da alma, foi transformando o prazer divino em algo animalesco. Nos dias de hoje mesmo com o avanço científico temos milhares de pessoas disseminando informações replicadas e cada uma que se multiplica chaga cada vez mais distorcida da primária.

Esse entendimento se deu a partir da conexão entre o que chamamos de individual e o coletivo. A aprendizagem da "ideologia" de gênero em geral corresponde à maneira como alguém (o indivíduo) percebe ou apreende as "diferenças naturais" entre os sexos e como reage perante as sensações de prazer, e a partir do que se identifica passa a denominar algo como "sendo" sem olhar para a realidade do que se "É".

Uma pessoa que sofreu abuso na infância por exemplo, vai ter problemas e bloqueios com a sexualidade e com o gênero que lhe abusou se identificando com o Animus ou Anima como já vimos em outro capítulo.

Podemos encontra nas raízes históricas a delimitação e separação dos espaços públicos e privados, bem no início das civilizações primitivas o comportamento da cultura de coleta e caça aos pequenos animais, e que foi sendo substituída pela caça aos animais maiores e pelo arado.

A agricultura simples foi atribuída às mulheres, pela "analogia" dos ciclos da natureza com os do próprio corpo feminino, e aos homens a proteção, o sustento e invenção do arado por sua "maior força" aparente externa.

Com a evolução de uma vida nômade até à fixação na terra, no território, foram se formando os primeiros aglomerados humanos, até chegarmos as civilizações mais complexas. A denominação as relações de parentesco e constituição familiar tiveram um relevante papel nos processos da divisão social e sexual e principalmente do trabalho.

As tarefas de cuidados da prole foram sendo assumidas pelas mulheres no espaço privado e os homens se dirigiram aos espaços públicos, no externo para buscar a provisão, que foi sendo gradativamente valorizado e após o movimento feminista passou a perder esse valor.

Quando uma das partes achou que poderia ser melhor que a outra e esqueceu que ambos são importantes a guerra começou. A falta de identidade e maturidade gerou uma bagunça coletiva na busca por poder. E não sei que "poder" é esse se ambos dependeram da união de dois pólos antecedentes para estarem aqui hoje. *(Pai e Mãe)*

Pelo inconsciente e consciente coletivo entendemos que nas civilizações primitivas a mulher cuidava do "lar" e da plantação para o sustento, enquanto o homem cuidava do externo, indo à luta, caçar para trazer o mantimento. Mas isso nunca significou que a mulher não podia trabalhar, só o fato de ela estar cuidando da agricultura, plantando e colhendo já era um trabalho.

Além de cuidar do lar e dos filhos era lhe fornecido o fardo "mais leve" justamente pelos atributos de seu corpo serem mais suaves, e tenho certeza que essas mulheres prefeririam estar na plantação do que no meio da guerra ou colocando suas vidas em risco em uma desbravada aventura caçando leões. E se não fossem essas mulheres cuidarem dos filhos, da casa e ensinarem seus filhos a serem homens... Não haveria futuros homens na guerra, na caça, então não existe um melhor que o outro e sim a junção de ambos constrói o todo.

O homem trazia a semente e a mulher plantava, regava e colhia o fruto. O homem possui a semente e a mulher dá a vida, multiplicando, é um conjunto em parceria onde ambos se complementam. Querer excluir o feminino ou o masculino é de fato o auge da ignorância. Pois um carrega a semente e faz o investimento e o outro nutre e multiplica.

Me lembro quando ainda estava como "obreira" da igreja que eu frequentava e quando comecei a estudar e fazer reflexões mais questionadoras trazendo uma nova percepção da realidade, as pessoas falavam que essa busca ia me levar a perdição. Acho engraçado que a própria bíblia diz: "O temor do Senhor é o princípio da sabedoria" (Provérbios 9:10).

Temor significa respeito e no dicionário você também vai encontrar como substantivo masculino no ato ou efeito de temer, receio, susto, medo, pavor, terror de viver no temor da miséria, da velhice, da morte, sentimento de respeito profundo ou de reverência por temor a Deus. Agora eu te pergunto, como eu vou ter temor e respeito de algo ou alguém que eu não conhecia profundamente? Meu objetivo nunca foi me separar de Deus ou promover um ato de rebeldia contra a palavra d'Ele, porém, me considerando uma pessoa mais desperta e menos "emotiva" não achava coerência alguma em ver as pessoas falando de algo que não viviam, ou querer citar versículos soltos sem interpretar o contexto total do texto.

Meu compromisso passou a ser com a verdade e me aprofundar em Deus verdadeiramente, já que o próprio filho d'Ele nos disse: ***"E conhecerão a verdade, e a verdade os libertará"*** (João 8:32).

E como eu poderia ser livre se eu não sabia que verdade era essa? Então, não fazia sentindo nenhum ficar seguindo pessoas que não viviam o que pregavam e que eram desprovidas da própria história da humanidade, que é a criação de Deus. Se eu AMO a Deus, logo me interesso por tudo que diz respeito a Ele, se eu vim d'Ele, sou parte d'Ele, é com Ele que eu quero me conectar e ser guiada, estar a serviço d'Ele e me tornar essa imagem e semelhança a qual fui feita.

Deus é apaixonado pela vida, pelos ciclos, pela transformação e renovação da mente. Ele ama as pessoas e investe pesado nisso, então eu não tenho como não amar o que Ele ama. E as polaridades são fundamentais para entender tudo isso. Creio que você já entendeu a importância do feminino e masculino no princípio da criação. Então mulher, pare de competir com o seu homem e passem a alinhar proposito e se tornem unidade.

A maioria se ofende ou grita aos quatro cantos batendo no peito ***"eu sou cristã"*** e nunca nem leu a bíblia inteira, ficando refém de uma "religiosidade" imposta por "doutrinas" e querendo "converter" pessoas a essa doutrina e não verdadeiramente elevá-las até Deus, e claro que não vão conseguir né?! Elas mesmas não estão conectadas com Deus, ir na igreja e seguir um "passo a passo" religioso não vai lhe garantir um pedacinho do céu e muito menos essa liberdade da qual Jesus falou.

O profundo de Deus vai além do que os olhos podem ver e do que o ser humano pode sentir com seu corpo físico, isso se chama intimidade.

Talvez você nem saiba o que é isso, mesmo se você for casada ou estiver em um relacionamento, ficar nua e fazer sexo com alguém não significa intimidade. Intimidade é acessar a alma do outro com um olhar, é se conhecer verdadeiramente e entender o outro sem precisar dizer uma palavra. Será que você consegue acessar Deus nesse nível?

Por isso entender como funciona a mente humana é tão importante, as polaridades, além de toda história percorrida para saber o porquê homens e mulheres agem da forma que agem.

A maioria dos homens se atraem por mulheres mais delicadas, que se vestem "femininas", que têm uma personalidade "aparente frágil" e isso não é só porque antigamente era assim, se você pensar em como eram grotescos os corpos dos "homens das cavernas" (incluindo as mulheres), você vai entender que o instinto de sobrevivência ainda é uma programação mental muito forte mesmo nos dias atuais, calma que vou te explicar.

O homem começou caçando animais menores e frágeis para o seu sustento e só depois passou a caçar maiores. Ele foi aprendendo como ganhar mais território e dominar o animal durante as caçadas, ninguém em sã consciência vai enfrentar um touro se não tiver uma ideia mínima de como domá-lo ou, no mínimo escapar de uma situação de risco mortal.

Pôr a vida em risco gratuitamente sem um objetivo maior seria burrice.

O que você precisa entender se tratando da nossa estrutura mental é que, o inconsciente faz identificação por imagens, e o significado que ele vai ter internamente não é o mesmo que vamos ter conscientes daquela mesma imagem. Para ter o mesmo significado é preciso entender o que aquele "símbolo" significa e projetá-lo de forma concreta a realidade dos fatos.

Com o som é a mesma coisa, tudo que ouvimos também é assimilado por um simbolismo e vai gerar o mesmo efeito interno, por isso muitas mulheres ao ouvirem no segundo encontro durante um ato sexual, por exemplo *"Eu quero ter um filho com você"*, ela imagina toda a cena da construção familiar em sua cabeça, trazendo todas as sensações internas e emoções de como seria vivenciar aquela "história", já que o nosso cérebro é atemporal, ele não faz distinção se a cena é ou não real. E é assim que muitas pessoas se perdem da realidade cada vez mais presas na "fantasia".

Agora que você já entendeu que o inconsciente é quem prevalece, creio que vai entender o porquê a maioria dos homens preferem as mulheres mais femininas do que as grotescas.

A identificação primária deles é com o "animal frágil e menor" que se caçava antigamente. Isso potencializa a energia masculina deles, o senso de proteção, de prover e de se sentirem amados, honrados e respeitados em fidelidade por aquela mulher.

Quando o homem se enxerga forte internamente perante uma mulher "frágil", ele se sente seguro e confiante, pois acredita que não corre o risco de perder o território ou a vida (isso tudo em seu inconsciente).

-Talita, o que é inconsciente?

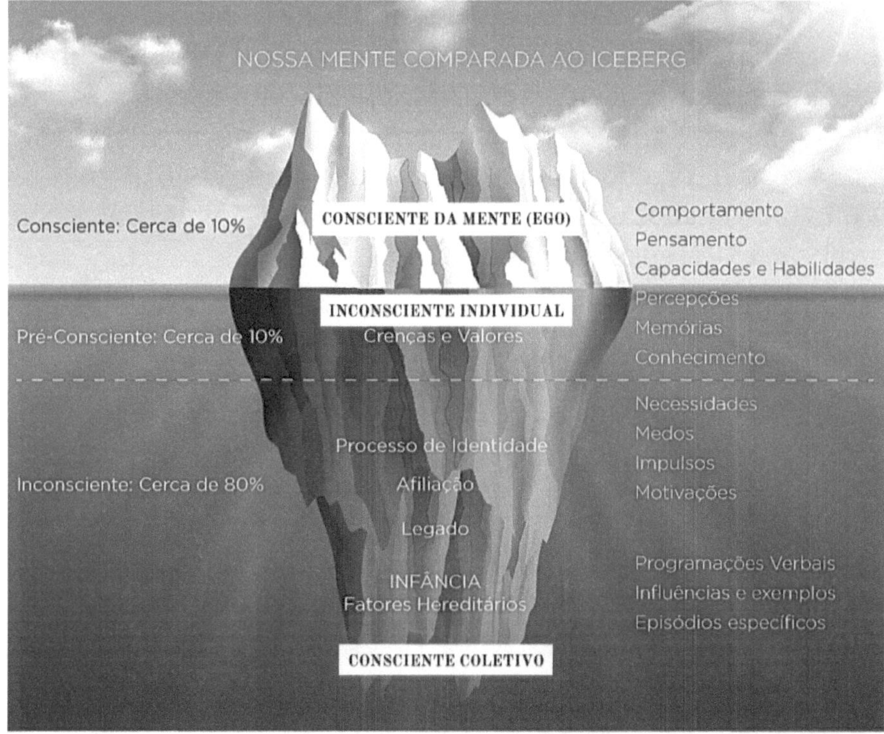

O inconsciente só passa a não ser dominante quando as pessoas trazem para consciência aquilo que nem elas sabiam que estava lá, e buscam mudar esse padrão, ter uma nova percepção do mesmo.

Só saber e não se movimentar não vai adiantar nada, é como ter o GPS ligado lhe dando a direção mas, se você não ligar o carro, não vai sair do lugar.

O Homem (Yang / Animus) e a Mulher (Yin / Anima) se comunicam, se amam e se valorizam de formas diferentes. Dado ao que vimos até aqui, já ficou bem claro o quanto um é diferente do outro e por esse motivo as vezes não se entenderem.

Partindo ainda da história quando as mulheres faziam as tarefas menos "pesadas", a maioria era orientada pelo hemisfério direito do cérebro que é considerado artístico (Yin, Anima), já a maioria dos homens se orientavam pelo hemisfério esquerdo do cérebro que é considerado lógico (Yang, Animus). lembrando que ambos estão interligados e essa foi uma forma mais simples da ciência explicar a diferença entre os pólos.

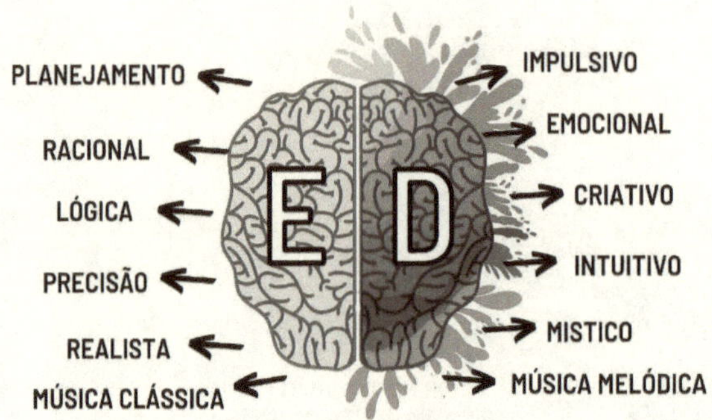

O que você precisa entender é que logo acima estão as características de um cérebro e ainda que seja feita a "analogia" de um lado ser mais voltado para o feminino e o outro para o masculino, todo ser humano possui esses dois hemisférios, sendo assim, ainda que a mulher possua características mais voltadas para o feminino e o homem para o masculino, toda mulher possui as características masculinas do lado esquerdo e todo homem as características do lado direito também.

Não é algo separado, e sim duas vertentes de uma mesma coisa. A ciência que estuda esse assunto resolveu explicar dessa forma segundo os impulsos reativos que o cérebro fornecia a determinados estímulos.

Então, toda mulher é capaz de realizar atividades consideradas "masculinas" assim como todo homem é capaz de realizar atividades "femininas". Entender isso é libertador e te dá a possibilidade de fazer escolhas melhores e qual momento usar sua energia e posicionamento.

Ser uma pessoa intencional e com domínio sobre seu corpo e mente lhe coloca literalmente no papel de SER quem você desejar SER. Você chama a autorresponsabilidade para si e passa a governar de fato a sua vida.

O que era inteiro foi dividido e a harmonia de uma mesma face foi quebrada, sendo dividida em duas, e isso tem gerado uma distorção da realidade, gerando "duas" faces que não são reais.

Por isso o discurso feminista, o machista ou qualquer outro movimento que exclua uma das partes não pode ser bom! Como você pode excluir algo que pertence a si mesmo? Isso é negação da realidade e é o que faz gerar um grande conflito entre homens e mulheres.

Eu fico muito triste em ver tantas pessoas machucadas por dentro, pessoas cheias de ódio e amargura, inventando nomes como "femismo" para fugir da vertente primária do movimento que defendem, e mais absurdo ainda é chamar de "feminismo" a defesa das mulheres.

*Femismo** é a ideologia que prega a superioridade do gênero feminino sobre o masculino.

Eu não quero te convencer se isso é certo ou errado, eu quero que você pense por conta própria se você se encaixa nessa defesa ou não.

Eu não irei as ruas para dizer "mulher não é mercadoria" pois eu nunca me senti como tal.

Mesmo vindo de relacionamentos frustrados eu sei da minha parcela de autorresponsabilidade no que ocorreu comigo, eu nunca me tratei como "mercadoria" para ser tratada assim por terceiros, e jamais irei dizer "antes puta do que submissa" porque eu sei o que a etimologia dessas palavras significam, eu não me enquadro nesse discurso auto ofensivo.

Você consegue entender o que eu quis te dizer no quesito da disseminação da mensagem e o perigo que isso é quando um grupo de pessoas se une para espalhar uma informação e o "telefone sem fio" se multiplica?

A falta de conhecimento, princípios, valores, identidade ativada, entender as polaridades e enxergar a verdade pode destruir muitas vidas. O feminismo tem sim o seu papel de importância histórica, mas ele é proveniente de uma distorção da realidade.

Vou te explicar o porquê eu não acredito em "movimentos", e o porquê eu amo estudar tanto.

Analisando o real significado da palavra **FEMINISTA**:

FEMI
Femi (Origem Egípcio) significa: Amor.
Femi (Associado a fêmea) femme (Etimologia): Do francês "femme" remonta ao latim fēmina, "fêmea", que se opunha, diferente de "macho". Do Italiano donna provém do latim domina, "senhora, mulher casada, dona da casa", e tem, portanto, a mesma etimologia que o português dona.

Ou seja, mulher que é dona, e a etimologia de dona significa: Proprietária, mulher, senhora, esposa.

NISTA
Origem: NISTA | NISTI | NISTO: Absolutamente raro, pareceria único e não pode ser excluída.

Definição de nişta no dicionário romeno: nousta s.f. (reg.) algo insignificante, sem valor.
Definição no dicionário malaio: nista 1. desgraça, deficiência, cela, vergonha; 2. Palavras insultantes, insultos,diz-se que a esposa está diante de seus amigos em todos os aspectos e desprezo; 3. desprezível, vil, baixo.

Diante de tudo isso feminista significa "ser mulher, estar mulher, agir como mulher", mulher única, ser feminina nisso, e é uma analogia ao feminino que é o "ser" mulher (Energia Feminina/ Yin/ Anima), também podendo remeter a "mulher frágil" já que "nista" também significa algo vergonhoso e perante a sociedade que nessa época era machista, a mulher não era julgada capaz de ocupar o mesmo cargo que um homem.

Então, não vejo sentido nenhum existir um movimento que

carrega um nome tão lindo que enobrece o feminino, sendo usado para pregar tantas ofensas, dor, uma igualdade que não existe, pois o que existe é equidade.

Não posso ficar calada diante de um assassinato moral, verbal, um significado distorcido onde aquilo que era para ser inteiro tem se dividido dia após dia, incentivando a "defesa" da mulher, porém as mesmas excluindo o masculino e se ofendendo na comparação com uma mercadoria, ao dizer que prefeririam ser putas. Isso não me representa e nem o nome do movimento as representa, uma vez que não vivem o que ele significa.

E caso você tenha caído nesse livro de paraquedas e se considera feminista, te convido a repensar e refletir como andam os seus relacionamentos. Quando você faz parte de um movimento, ainda que não esteja seguindo todas as diretrizes do mesmo, você está ligada a ele pelo consciente e inconsciente coletivo, o que te faz agir, vibrar energeticamente e ser influenciada a um padrão comportamental que você nem percebe. Fique atenta! pois você só muda o padrão se estiver consciente do mesmo.

> *"Em seu coração o homem planeja o seu caminho,*
> *mas o Senhor determina os seus passos."*
> (Provérbios 16:9)

O coração puro se põe em ação em benefício de algo que não vê apenas a própria finalidade em si, mas para um bem maior. Já o coração perverso é barrado em sua missão, quando o ego entra em ação o bem é apenas externo, ele não eleva ao campo que excede uma conexão com algo além desse plano.

Por isso vemos muitos movimentos que tiveram suas conquistas, mas que junto trouxeram muita dor e uma grande distorção da verdadeira vertente da conexão entre o homem e Deus.

"Deleite-se no Senhor, e ele atenderá aos desejos do seu coração."
(Salmos 37:4)

Deleitar não é chorar, não é pedir, não é orar. Deleitar significa atrair com afagos que por sua vez significa demonstrar amabilidade ou cordialidade por algo ou alguém. Isso me lembra outra passagem que diz ***"Amarás o Senhor, teu Deus, de todo o teu coração, de toda a tua alma e com toda a tua inteligência"***, se não fizermos com amor e por amor, nada do que façamos nessa vida será útil.

Você precisou que duas pessoas se unissem independente da forma que ocorreu para hoje estar aqui, um ato egoísta nunca vai gerar vida, então se sinta amada, você recebeu o dom da vida.

Mas Talita, meus pais não queriam me ter ou eu sou fruto de um estupro.

- Mulher, o que se passava na cabeça dos seus pais não é o que verdadeiramente importa e sim, a decisão final que foi tomada, foi decidido lhe trazer ao mundo! Você não é um acidente, não existem acidentes ou coincidências nos planos de Deus, tudo acontece da forma que deve ser e quando Ele tem um plano e as pessoas que Ele deseja usar para esse plano querem fugir, as coisas vão ser um pouco mais dolorosas.

Amor é dor e eu já te ensinei isso, tudo nessa vida traz uma lição, te garanto que seus pais precisavam passar por isso e você também para evoluir em alguma das esferas, seja espiritual, no corpo ou na mente.

Talita, não acredito em Deus!

- A física já trouxe a experiência da fenda dupla e acredito que você já ouviu falar na lei da atração. Para você existir no campo físico (aqui na 3D) ou espiritual (energia/invisível) em algum momento você precisou ser desejada, então sim, ainda que inconsciente em algum momento os seus pais te desejaram.

O coração, a alma e a inteligência estão representando o seu SER como um todo, sem separação. A expressão mais pura de quem você é verdadeiramente então, não faz sentindo algum movimentos que exercem a separação da humanidade, que são a favor de aborto, que tem um discurso egoísta. Eu não sou religiosa, mas em todos esses anos de estudo e de experiências com diversas pessoas, classes, crenças, estudando a mente, espiritualidade, física entre outras ciências, tudo sempre me levou ao mesmo ponto de partida: DEUS/ UNIVERSO/ O TODO!

E eu desejo no mais íntimo do meu ser que você também possa se conectar direto com a fonte, sem precisar usar nada, ou depender de nada, que no silêncio profundo do seu coração essa inteligência superior que nos rege que eu chamo de Deus te mostre o caminho.

Capítulo 11 - A Face Irresistível

I RRESISTÍVEL DEFINIÇÃO:

- É aquela a quem não se pode resistir;
- Cuja força ou sedução não há como resistir;
- A que não é possível opor resistência;
- Que não se pode suster ou dominar;
- Irreprimível;
- Inevitável, necessária;
- Que seduz ou encanta.

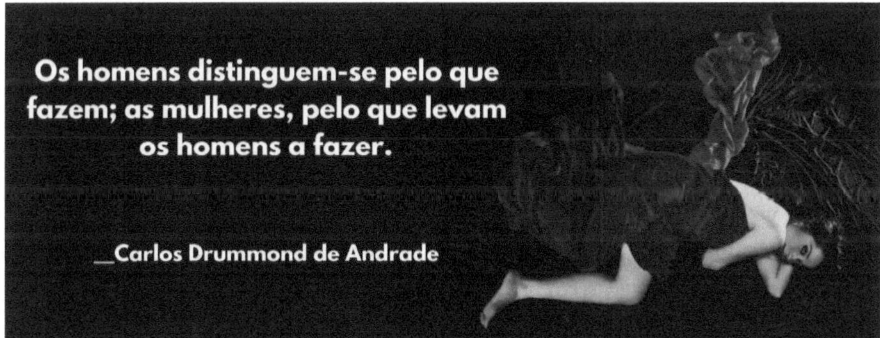

Talvez você já tenha se perguntado algumas vezes como ser uma mulher irresistível ainda mais nos dias de hoje onde temos trabalho, casa, filhos, estudos, marido para cuidar e dar atenção e enquanto mulher, termos as "angústias" de ser mulher, todo esse nosso "sentimentalismo", a oscilação de humor, afinal somos cíclicas.

E mesmo com tudo isso queremos saber como dominar a arte da sedução, entender como fazer para o homem nos notar. Somos mulheres e sim, mesmo em meio a tantas "tarefas" a sedução é a mais fácil. Eu sei que você deve ter pensando isso nesse exato momento: ***"Como assim? eu não consigo nem me achar bonita e você está dizendo que seduzir é tarefa fácil? Ficou doida é?"***

Eu não! e acho que se você foi a pessoa que pensou assim, não entendeu nada da profundidade deste livro até agora! SER MULHER é SER, e se você já É, o seduzir é natural, pois o feminino atrai o masculino naturalmente. Mas para isso acontecer, você precisa estar na polaridade certa, não se esqueça.

Vou repetir mais uma vez pra ficar gravado na sua cabecinha: Se você domina as polaridades, quando estiver na presença de um homem você se coloca no seu pólo feminino intencionalmente e por atração física magnética isso vai ocorrer naturalmente. Porém existem alguns pré requisitos femininos a serem cumpridos caso você esteja vindo de um pólo extremamente masculino e até hoje estava agindo como uma guerreira.

***"Deve-se temer mais o amor de uma mulher
do que o ódio de um homem."***
_Sócrates

Sócrates não errou em sua frase, somos uma potência intuitiva e uma vez que desejamos algo com pura intenção, nosso amor transborda e isso se torna algo irresistível.

Quando estamos amando ou até mesmo quando estamos apaixonadas, emanamos uma luz radiante, contagiante e nos tornarmos irresistíveis aos olhos e pensamentos daquele que amamos.

Isso só não ocorre quando a intenção é egoísta, quando está ligada a carência, ao desespero, ao medo de ficar sozinha, querer agradar para não ser rejeitada. Esse tipo de intenção carrega uma energia de peso e afasta as pessoas a nossa volta.

Crescemos em uma sociedade cheia de falácia, com apego aos nãos, tantos tabus, preconceitos, conceitos machistas e atualmente o empoderamento feminino onde se vive os dois extremos, ou não pode nada ou pode tudo, a falta de harmonia no meio disso tudo é tão grande que esquecemos de nós mesmas. Acabamos plantando em nossa mente uma ideia de insuficiência, que não temos opinião própria e se temos guardamos com medo do julgamento, matando nossos sonhos, nossa verdade, nossa voz e o nosso Ser.

Lembra sobre o capítulo de dependência emocional? Aqui você pode ver que o pensamento coletivo lançado na sociedade tem muito a ver com essas identificações e provavelmente quem espalhou esse tipo de conceito tinha parte desse "transtorno" pois, só compra uma ideia quem acredita e se identifica com ela, uma vez que essa ideia praticamente descreva a situação da pessoa, faz com que ela assuma essa ideia sem perceber como se fosse dela, assim como no caso das feministas.

Se a mensagem for maior que o mensageiro, ela será espalhada rapidamente independente de ser boa ou ruim. É o número de pessoas que ela atinge emocionalmente que a faz ficar tão poderosa.

Eu atendi muitas mulheres que disseram nem saber mais o que é ser mulher, e talvez você se sinta assim também, tão carregada da sua energia masculina que nem consegue mais sentir o seu feminino.

O verdadeiro homem quer duas coisas: Perigo e jogo.
Por isso quer a mulher: O jogo mais perigoso."
__Friedrich Nietzsche

Ao descobrir a força que vem do feminino, que somos esse ser doce, amável e capaz de transformar tudo a nossa volta com um simples toque, como colocar uma flor em
um ambiente "pesado" por exemplo, paramos de querer provar que somos autossuficientes o tempo todo. Não agimos mais pela força e sim pelo ser.

A ideia de ter que viver, sobreviver sozinhas e independentes, descobrir o nosso poder já não faz mais tanto sentido. Pois quando entendemos que nossa força vem do nosso interior, da nossa energia de base que é a feminina (YIN), vemos que é da fonte que vem essa força, que é Deus.

Falando abertamente, nossa educação mesmo nos dias de hoje, tendo tantas informações na internet e principalmente a educação sexual é quase que do século passado. Na relação entre homem e mulher não existe mágica, o que existe é a magia!

Não fomos ensinadas como agir, falar e se portar para o nosso relacionamento, para o provável parceiro e sim para um relacionamento semelhante ao de nossos pais, e como cada um só ensina o que "acha" que sabe ou suas próprias experiências, vejo que muitas mulheres ficam perdidas sem saber o que realmente seria o "certo e errado".

A verdade é que não existe um certo e errado, todo ser é diferente um do outro, tem gostos, ideias, teve uma criação diferente, mas o que não podemos negar é a magia! Podemos chamar ela de: Domínio das polaridades.

> *"O descontentamento é o primeiro passo na*
> *evolução de um homem ou de uma nação."*
> __Oscar Wilde

Quase ninguém busca melhorar aquilo que considera confortável, o que está dentro da sua zona de conforto, e é por isso que alguns alcançam o extraordinário e outros não.

Comparando ao sexo, quando ele está se movimentando e você sente que vai chegar lá, que vai gozar, você não quer que ele mude a velocidade, mas se você refletir, ele está em movimento e você relaxada e se sentindo à vontade, entregue e confiando naquele momento, naquele homem.

Sem sair do lugar não se chega a lugar nenhum! Sei que é clichê e foi redundante, mas é a mais pura verdade. E com as polaridades é exatamente igual, se você não sabe fazer a dança entre o feminino e masculino dentro de você, isso vai lhe trazer prejuízos.

E eu te pergunto, você está pronta para acessar a sua magia? Preste muita atenção, essa "fórmula" não necessita de ingredientes difíceis e nem aqueles que se busca lá fora, não precisa importar, gastar rios de dinheiro, se descabelar ou mesmo montar um arsenal.

A grande surpresa é... todos os ingredientes já estão dentro de você, tudo o que você precisa fazer é acessá-los, esse é o grande segredo! Essa é a verdadeira magia!

Um exemplo para que você possa identificar as duas energias ou pólos no seu dia-a-dia é a manhã e a noite. A energia Masculina/Yang vai crescendo em nós ao levantar do sol e tem o seu pico máximo ao meio-dia, ela é a energia do movimento, das atividades, da ação.

Já a energia Feminina/Yin vai ganhando forma e força no entardecer e tem seu pico máximo a meia-noite, ela é a energia do descanso, da leveza, do recolhimento.

__Da Magia à Sedução

IRRESISTÍVEL, SIM! EU POSSO SER!

No primeiro momento pode parecer muito difícil pra quem nunca teve contato ou percepção desse entendimento ou para algumas até fácil demais, são dois extremos afinal, como falei de "magia", você pode achar que é algo que se deva buscar lá fora, e vou falar novamente, vou repetir sempre, até você entender ou cansar de bater a cabeça sozinha, sem cansar:

-Nãooooooo! Não está fora, não está nos outros, não está lá no alto da montanha inacessível e de difícil acesso. Está aí dentro de você! Basta você se permitir, se abrir, se conectar, apenas ser e sentir.

Quero te pedir algo, pare agora mesmo de tentar agradar pessoas que não sabem nada das suas incertezas, das suas cicatrizes, ansiedades e medos. Se olhe com amor, carinho e principalmente respeito, esse é o ponto inicial para a magia acontecer.

Quem disse que a vida tem que seguir padrões e ainda por cima padrões dos outros? Vamos mergulhar em uma viagem de **amor próprio**, ok?!

Nos ensinamentos Judaicos da Torá Deus fala para Abraão Lech Lechá que significa *"Vá! para dentro de você"*, *"Vá para dentro de ti mesmo"*, *"Vá por ti mesmo"*. Então eu te convido a fazer um mergulho profundo dentro de você e para isso, não dá pra ter ninguém na frente que você considere mais importante do que você mesma. Deus após dizer Lech Lechá fala para ele *"Sai da tua terra, da tua parentela e da casa de teu pai, e vai para a terra que te mostrarei".* Quer se conhecer? Vai ter que abandonar a ideia de pôr os outros como prioridade.

AMOR PRÓPRIO

Se olhe, se ame, e acima de tudo se respeite! Esse é o começo, ao se olhar todos os dias, nos momentos que tiver oportunidade, se olhe em um espelho, admire a mulher que você é. Eu fazia muito isso na minha adolescência e fui perdendo o hábito com o passar do tempo, a falta de amor próprio me custou caro.

Você é única, e mesmo que ache ter mil imperfeições, você é linda! Não duvide nunca disso!

Não existem pessoas feias, existem pessoas que estão com a autoimagem distorcida. Uma pessoa que se acha feia, que vive murmurando e não se valoriza vibra em rejeição, logo as pessoas a rejeitam... É sobre energia entende? Já viu uma pessoa que não é tão bonita segundo o padrão de beleza da sociedade porém, ela emana uma energia gostosa e todos passam a achar ela linda e os homens querem se relacionar com ela? É a forma como ela se enxerga e se trata, ela acredita no seu valor e sua energia atraí pessoas que vão tratá-la da mesma forma.

" -Nossa! Minha barriga não é de tanquinho, meu
bumbum não é redondo, meu cabelo é crespo, meu cabelo é
liso demais, meus seios são pequenos, meus seios são grandes
demais ... etc."

Essa lista infinita de "defeitos", de "padrões", "regras", será que
você não é capaz de ver nada de bom em você?

Eu duvido que não exista nada de bom em você! Sim, temos
algumas "imperfeições", mas ficar olhando somente para elas e
excluir todo o restante, é a mesma coisa que dizer: **- Eu não amo
a Deus.**

"-Nossa Talita!" só estou te trazendo para a realidade! Se fomos
feitas a imagem e semelhança do criador, ao ficar se julgando,
depreciando e se criticando o tempo todo, isso só demonstra a
insatisfação pela vida que Ele te deu. E quem disse que temos que
ser "perfeitas", como uma Barbie? Para que? Para achar o Ken? Ou
quem é que já viu a perfeição verdadeira para ditar o que é ou
não?

> *"Até cortar os próprios defeitos pode ser perigoso. Nunca se
> sabe qual é o defeito que sustenta nosso edifício inteiro."*
> __Clarice Lispector

Mulher, acorda! Não existe o "Príncipe perfeito", fomos
enganadas desde criança a acreditar nisso. O que existem são
Homens que também não são perfeitos e se eles não são, por que
você é obrigada a ser?

Os Homens também são seres únicos, com suas qualidades, e
podemos considerar que o "Príncipe" que desejamos será de
acordo com aquilo que se encaixa com cada uma de nós. E para
isso acontecer e dar certo, cada um precisa estar repleto de amor

próprio e no pólo certo.

A magia não é medida com a régua dos outros, valorize seus pontos fortes, conheça seu corpo, veja qual é a cor de roupa que fica melhor em você, qual a peça de roupa que valoriza o seu tipo físico, aprenda a destacar seus pontos positivos, como o seu sorriso, seu olhar, seu nariz, suas pernas... etc.

É uma infinidade de atributos que você tem, só que não enxerga por estar focando no que não gosta, vive preocupada e se comparando com a garota da revista, da novela, do trabalho, e esquece de valorizar seus atributos, suas qualidades e tenho certeza que você tem muitas qualidades.

Para começar nossa magia, nosso caminho do amor próprio, te convido a se olhar em um espelho nesse exato momento. Ser irresistível começa com a autoestima, começa quando você vê que merece muito mais e se não for assim, corra para bem longe desse "homem", ele não te merece.

Eu sei que dói, mas garanto que passa e sabe por quê? Porque você está se permitindo se escolher em primeiro lugar, se valorizar, se enxergar ao invés de se jogar nos braços do primeiro que aparece por "medo" de ficar sozinha, como se estivesse desesperada.

_John Collins

Quem têm autoestima e amor próprio não fala nem bem e nem mal dos outros, a não ser que lhe seja perguntado, ou que seja um elogio sincero a respeito de alguém. A mulher sábia fala de coisas e não de pessoas, ela tem um repertorio interessante, ela lê bons livros, busca estudar, conhecer novos assuntos.

Falar bem de todo mundo é querer agradar por medo da rejeição, vamos ser muito honestas aqui, ninguém morre de amores e gosta literalmente de todo mundo e falar mal é falta de amor próprio, o discurso sempre vem com uma pitada de dor de cotovelo, uma ferida, mágoa causada pela outra pessoa... Mas aqui vai um segredo: **Ninguém tem poder para te ofender, magoar ou diminuir!** Você é quem aceita a ofensa dando poder a outra pessoa, você se identifica com a ofensa porque em algum nível concorda com o que foi dito a seu respeito, e se alguém usou algo que você disse contra você ou fez uma fofoca sobre algo particular seu, lembre-se que foi você quem contou para aquela pessoa.

Valorize-se! Somos energia e se você não entendeu isso ainda, pare por aqui, lamento informar, mas a fórmula para ser irresistível em nada irá te ajudar, pois atração e magnetismo são consequências da energia que você emana.

Para esse magnetismo ter efeito e funcionar, vai exigir de você um tempo, que você se enxergue como Mulher e se sinta como tal, você precisa realmente se sentir dona das suas escolhas e do seu caminho, se sentir feminina, desejada e esse desejo começa com a percepção do seu próprio olhar. Sentir-se sexy, e se permitir ser Mulher!

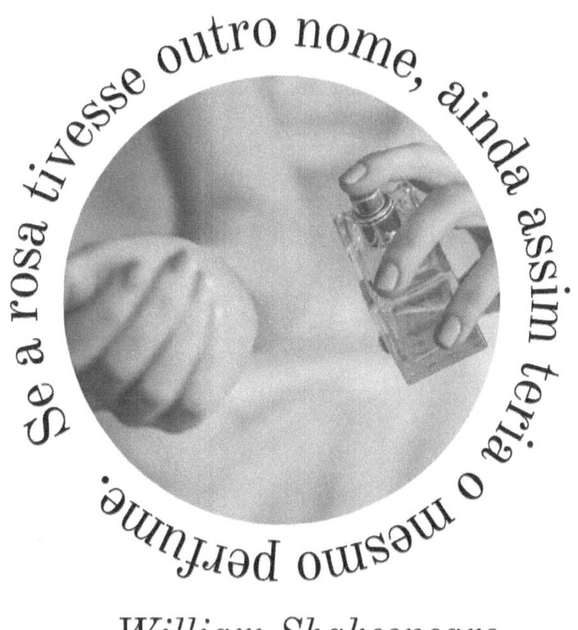

__William Shakespeare

Há muito tempo que os filósofos já falam isso: - **Você é o que acredita ser!**

E ainda que você não seja igual a moça da revista, da TV... Comece a acreditar em si mesma! Comece a cantar todos os dias, sempre que lembrar: **"- Eu sei que eu sou bonita e gostosa, e sei que você me olha e me quer...".**

Cante ela principalmente naqueles dias em que estiver para baixo, eu faço isso direto, e assim como você está buscando sua conexão com o feminino, eu precisei fazer isso também algum tempo atrás.

Pequenos atos de validação e carinho consigo mesma vão lhe ajudar a ter uma percepção mais amável da sua imagem, elevar sua energia e sim, vai começar a se sentir um "Mulherão"! E olha, minha autoestima mudou drasticamente depois que mudei minha energia e a forma de me perceber.

A nossa mente tem um poder incrível, a frase ***"Tudo é possível aquele que crê"*** é sem dúvida uma das maiores verdades universais. Use isso a seu favor, você precisa buscar essa mulher de alto valor ai dentro de você e creia nela, porque ela crê em você.

AUTOCONFIANÇA

Construa sua confiança e emane energia, ninguém consegue mais te segura depois que você se conecta e se aceita, pois tudo que você passa a fazer tem um objetivo maior e intencional. Você para de se importar com a opinião alheia e os comentários negativos, já entende que cada um só da aquilo que têm e sabe que aquele comentário só reflete como aquela pessoa está por dentro. Com certeza você irá irradiar uma luz tão forte que começará abrir portas que você nem imaginava.

Sei que para algumas mulheres se olhar no espelho é difícil, não é uma tarefa fácil. Quando eu tive depressão, uma das tarefas era justamente olhar no espelho e me elogiar e quem disse que eu conseguia? Foi uma luta, mas eu não desisti! O ato de persistir me deu uma força interna muito grande.

São tantas neuras e historinhas que vamos contando e ouvindo que chega uma hora onde não se sente confortável em fazer um simples exercício de auto amor, mas... ele é extremamente necessário para que a nossa magia possa acontecer.

Se parar no meio do caminho e desistir de você só existirá um perdedor: **Você!**

Agora... se você continuar, não será apenas você que sairá ganhando, além de você se tornar a protagonista principal da sua história e tomar as rédeas da sua vida, seu amor próprio, sua conexão com o feminino e com Deus, irão exalar um perfume sobre todos a sua volta, a beleza tende a se espalhar e multiplicar.

As únicas pessoas que ficarão incomodadas são aquelas que estão amarguradas e obscuras, a luz a princípio irá machucar a visão delas até que se acostumem ou façam algo para se erguerem também e saírem desse lugar de dor, reclamação e sofrimento.

"Com o tempo, você vai percebendo que, para ser feliz, você precisa aprender a gostar de você, a cuidar de você e, principalmente, a gostar de quem também gosta de você."
__Mário Quintana

Tudo começa quando você muda a percepção da sua autoimagem, começa a se enxergar e se perceber capaz de ser irresistível. Isso influencia em vários âmbitos da sua vida e até mesmo da sua forma de se expressar e enxergar o mundo.

Seu tom de voz muda, sua alegria ao acordar irradia, você passa a dar valor as coisas simples, faz o seu trabalho com mais amor, passa a perceber o momento presente e ver as pessoas além da casca, mas não espere que uma pessoa machucada ou orgulhosa reconheça algo de bom em você, ela enxerga com as lentes dela.

Dentro de nós existem várias "mulheres"...
Existe a menina romântica e doce, a mulher fatal, a adolescente

engraçada, a birrenta que só pensa nela e quer chamar atenção, a mulher sábia, a mulher guerreira que trabalha, a mãe, a esposa, a amiga entre várias outras.

A autoconfiança e o autoconhecimento te ajudam a ter harmonia entre todas elas, e maturidade para saber lidar com cada uma delas e a hora certa de mostrar cada uma, afinal ... Todas fazem parte de você e da sua história.

Nem todo ambiente vai estar de acordo com a menina por exemplo, se você é uma líder em uma grande empresa, mostrar o lado menina em uma reunião de negócios não seria nada inteligente porém, caso surja uma piada onde todos vão rir, não seria de bom tom somente você ficar bancando a líder durona, uma risada cairia bem nesse momento. Isso é saber fazer a dança das energias e colocar em harmonia todas as suas versões.

Mas para que isso possa acontecer e você não se perder, é preciso se encontrar primeiro, ter certeza de quem se é. Só assim você poderá ser livre verdadeiramente em poder ser, sentir e se permitir ser quem já se É.

"Conhece-te a ti mesmo..."

__Sócrates

Talita S. Silva

Querer agradar todo mundo sem se conhecer primeiro é um verdadeiro tiro no pé. É se colocar como tapete e pedir para ser pisada. Você desaprende a dizer não, esquece o que é prioridade, vive em função do externo e fica cada dia mais longe da sua verdade.

Quando você tenta agradar as pessoas é inevitável colocar uma expectativa positiva e desejar um reconhecimento, vou te dar o exemplo das festas de Natal em família, você decide fazer a ceia na sua casa, prepara tudo e muitas vezes ainda gasta um dinheiro que não poderia para proporcionar algo bom para seus parentes. Chega no final da noite um começa a reclamar dizendo que o arroz está salgado, outro reclama da toalha da mesa, outro do presente que ganhou, e ninguém é capaz de reconhecer que você deu o melhor que podia, que o desejo do seu coração era reunir a família para terem uma noite de confraternização.

Então, não coloque expectativas nos outros, se assegure em ter paz no seu coração em tudo o que você for fazer para não deixar o comentário dos outros invadirem o seu coração e destruírem a sua intenção genuína.

Com a energia feminina renovada e confiante, você vai se sentir e estar mais atraente, por consequência mais preparada para enxergar as oportunidades que já estão e que surgirão à sua frente.

Sua postura, suas atitudes e palavras serão sinais claros que valem a pena te conhecer. Você estará em outra frequência, vibrando amor, gratidão, felicidade, paz interior, e agora você irradia essa luz, você está mais confiante e acreditando ser capaz. Sendo assim, uma MULHER confiante, mesmo que tenha "defeitos", emana uma atração magnética.

A energia feminina ainda é o que deixa as pessoas mais conectadas com a empatia, amabilidade, o afeto, o servir, o desejo de acolher o outro e a espiritualidade.

Helge Krog

Não dá pra excluir nenhuma das partes se não, deixamos de ser seres inteiros e é justamente isso que tem feito muitas pessoas sofrerem hoje em dia com o emocional.

O mundo é um grande espelho, acredite que você é a resposta dos sonhos de alguém e ele acreditará nisso também, afinal, você é o que acredita ser!

Nesse caldeirão é você quem coloca os ingredientes para a magia acontecer, é você quem domina e controla a temperatura, é uma escolha deixar a ofensa do outro te atingir, a ação do outro te decepcionar e perceba que você tem o poder em suas mãos.

Você pode continuar fria, pode passar do ponto e evaporar, pode ficar morna, ou pode começar a esquentar e quem sabe até mesmo ferver e transbordar, só depende de você.

RESILIÊNCIA

Ser mulher é ser resiliente, é da sua natureza, cientificamente é a propriedade que alguns corpos apresentam de retornar à forma original após terem sido submetidos a uma deformação elástica. E ser mãe não seria exatamente isso o que acontece com corpo? Quando você menstrua, não é o que acontece internamente com seu útero?

Quantos altos e baixos a vida já lhe trouxe e você continua aqui, firme e forte!?! Talvez ainda não tenha voltado ao estado original, mas só o fato de estar lendo este livro, já mostra que você está na busca do caminho de volta para casa, para o seu feminino e se permitir ser mulher.

" - Cuidado com a tristeza, ela vicia!"
_Talita S. Silva

O que eu mais vejo acontecer são mulheres empolgadas, que começam o processo de autoconhecimento, a se descobrirem, a se amarem mais e de repente toda aquela empolgação some. **"- Ué? Cadê aquela Deusa animada, empoderada? sumiu antes mesmo de completar um mês?"**

Você começa a se sentir irresistível porque está se dando mais atenção, olhando para si mesma, mas... quando vai para a vida real, a vida que acontece lá fora no dia-a-dia acaba esquecendo quem você era hoje de manhã e se deixando levar por pensamentos negativos, se comparando, deixando a influência externa te contagiar e se algo lá fora te contagia negativamente é porque você ainda não está dominando seu interior por completo.

E muitas desistem no meio do caminho, calma, estamos em um processo e até o final deste livro você com certeza já será uma nova VOCÊ. Nesse momento seja uma pessoa entusiasmada e não empolgada.

A empolgação passa com qualquer barreira, o entusiasmo te leva a ter pensamentos que redefinem a sua imagem, te elevam, te deixam feliz, a se perceber, se amar e ele só depende de você, ele está ligado a resiliência.

"Eu tentei 99 vezes e falhei, mas na centésima tentativa eu consegui, nunca desista de seus objetivos mesmo que esses pareçam impossíveis, a próxima tentativa pode ser a vitoriosa."
__Albert Einstein

DE FRENTE COM VOCÊ

Mulher, a magia é tudo que já é, não precisa ser forçada, diferente do poder que precisa ser. A magia acontece naturalmente, não precisa forçar, porque se precisar forçar, isso não é para você.

Pense nisso!

Se você precisa forçar alguém a te querer, acorda para a vida! Isso é o ato mais humilhante que você pode fazer por si mesma. Além da pessoa não te querer, você ainda quer forçar e insistir nisso? Onde é que anda o seu juízo mulher?

Tornar-se essa Mulher Irresistível, não irá te tirar do pré

julgamento masculino, os homens nos avaliam... primeiro olham o físico, depois o quanto atraímos a atenção deles, e por último a retenção dessa interação. A percepção varia de homem para homem, o que agrada um, pode não agradar outro e isso também está ligado as memórias de infância desse homem, se é um homem que não tem maturidade emocional, com certeza estará sendo influenciado pelo inconsciente agarrado as memórias das mulheres que passaram pela vida dele desde a primeira... a mãe.

Pare já com essa coisa de que só a aparência física importa! Ela é importante no quesito mais profundo do ser, pois cuidar de você é ser grata ao templo em que habita, mas não deve servir para ficar se comparando com as outras mulheres, no relacionamento existem outros fatores como a postura, tom de voz, a forma de olhar, maneira de se vestir, se portar e muitas outras características que interferem nessa avaliação.

Tenha orgulho de ser Mulher, sua forma de se perceber fará toda a diferença entre como você está hoje e a Mulher que você deseja se tornar, e saiba que essa mulher que você tanto sonha em se tornar já existe em algum lugar ai dentro de você.

"Se você é capaz de sonhar, é capaz de realizar."
_Walt Disney

"Espalhe o amor por onde você for, antes de tudo, em sua própria casa. Dê amor a seus filhos, sua esposa ou seu marido, a um vizinho próximo... Não permita jamais que alguém se aproxime de você sem viver melhor e mais feliz. Seja a expressão viva da bondade de Deus, bondade em seu rosto, bondade em seus olhos, bondade em seu sorriso, bondade em sua terna saudação."
__Madre Teresa de Calcutá

IMAGEM

Precisamos cuidar da nossa imagem física sim, mas de todo coração, não será somente a imagem que fará a diferença entre o homem ir ou ficar.

Por isso preste atenção nessa "magia" para ser irresistível aos olhos do outro, chamar a atenção e claro conquistar o seu amado, vai além de ser e se sentir uma mulher empoderada, é investir em si mesma, é só quando você passa a se valorizar que ele irá sentir que estar com você e ao seu lado valerá a pena. Ninguém nem mesmo você quer ficar ao lado de uma pessoa que não gosta de si mesma, e como já vimos no capítulo de dependência emocional, quem faz isso também não se valoriza, é como ter pena do outro e de si mesma.

Ficar na zona de conforto, se colocar como vítima e fazer cara de coitadinha é fácil, afinal colocar a culpa nos outros se algo não funciona como você quer e tirar o peso das suas costas não exigirá que você assuma a sua autorresponsabilidade.

É como querer ficar gostosa sem precisar malhar, pura ilusão. E peço que você **"sempre se lembre de nunca esquecer"** que uma Mulher Irresistível começa no momento em que ela percebe o seu valor e muda suas atitudes.

O seu comportamento de "coitadinha" é alterado para "mulher e dona de si" e isso faz com que a sua autoimagem percebida pelas pessoas também mude.

Se tornar essa mulher internamente poderosa e que reflete por fora não irá apenas lhe ajudar no quesito "relacionamento", mas, vai lhe abrir muitas portas, no trabalho, no lar, nas amizades, nas oportunidades que a vida irá lhe apresentar.

A pérola nasce dentro da ostra, é gerada no interior primeiro, ela leva um tempo médio de maturação de 3 anos para ser formada pela ostra, e você não precisa levar três anos para mudar basta tomar uma decisão! Mas, primeiro precisa entender que é uma eterna evolução, é buscar ser sua melhor versão a cada dia, a comparação verdadeira sempre será consigo mesma.

A mulher sábia entende que não existe competição entre mulheres, que entrar nessa linha de pensamento é autodestrutivo e faz com que fique muitos anos paralisada como se fosse uma pedra no caminho, se ela não virar borboleta ela não vai sair do lugar e no futuro pode se tornar uma mulher amarga e solitária. Não é à toa que existe o ditado "ficar pra titia".

ARROGÂNCIA

Não se torne uma mulher arrogante e que parece inalcançável! Essa distorção de amor próprio vai afastar todo mundo de você e aí voltará à estaca zero e pior, vai se sentir mais perdida do que quando começou.

Também não se coloque no papel de mãe do homem e muito menos na falácia de que sabe tudo e engata na onda de ficar dando palpite e opinião em tudo, isso é muito chato e afasta as pessoas, talvez ele não fale por educação ou por não querer arrumar confusão com você, mas lá no fundo ele só quer sair correndo.

Saiba se respeitar sem desrespeitar os demais a sua volta. A mulher sábia sabe demonstrar o seu valor sem precisar rebaixar, excluir ou humilhar as pessoas.

GRAÇA

A mulher que sabe usar o dom da Graça consegue tudo o que ela quiser. A gentileza, a doura, o respeito, o sorriso, o toque suave, a voz mansa, saber ouvir ... Se alguém lhe falar algo do qual não gostou, apenas sorria e diga:
- Não me sinto à vontade com esse tipo de conversa/ tratamento/ etc.

Você não precisa ser grossa para ser verdadeira.

Lembre-se que a **gentileza gera gentileza**, e quando um Homem com H está diante de uma Mulher que é graciosa e valiosa, ele não vai tratá-la como uma qualquer, ele vai ter o cuidado de tratá-la como joia rara.

Esqueça de Ser Interessante!

A maioria das mulheres perdem muito tempo tentando parecer interessante, fazemos um enorme **esforço** para chamar atenção e passarmos uma imagem positiva.

Sei que parece contraditório a tudo que eu te disse até agora, mas tudo que te ensinei até aqui era sobre você... Agora que você já sabe como se tornar a sua prioridade, esqueça de ser interessante e ao invés disso, foque em interessar-se pelas pessoas.

Ou você constrói uma vida interessante para de fato ser essa mulher ou vai parecer uma fraude e interesseira tentando forçar ser o que não é.

Lembre-se que a magia acontece de dentro para fora. Para de verdade ser é preciso estar vivendo isso e sentindo dentro de você essa verdade. Quando você já se interessou por você mesma, já se entendeu e é capaz de se amar... Você passa a ser mais interessada nas pessoas e por consequência elas se interessam por você.

Isso aumentará o seu poder e o sentimento delas de conexão com você, é como se o seu interesse nas experiências de vida delas criasse um fenômeno no qual elas sentem que você está no mesmo time que elas e que podem se abrir.

Quando a gente sente afinidade com alguém é natural querer o que é melhor para a outra pessoa e passar mais tempo com ela. Por isso, quanto mais interesse você demonstrar nos outros, mais interessante você parecerá para eles. Porém, isso não vai funcionar se você pular etapas, sendo egoísta, querendo fazer propositalmente só para atrair um relacionamento sem antes estar pronta, joguinhos de sedução atraem os homens, mas não mantem eles.

A verdade é que você pode passar quanto tempo quiser falando de si mesma, tentando criar uma boa imagem, mencionando várias de suas conquistas, parecer interessante que não conseguirá fazer nenhuma ligação emocional com a pessoa desejada.

Muitas caem na zona da amizade por não exalarem aquele algo a mais, querem só falar de si ou parecer a irmã, a mãe quando na verdade elas queriam era parecer a parceira ideal, a legalzona. **Cuidado com isso!**

Ninguém gosta de conversar com uma pessoa egocêntrica que só sabe falar de si mesma e não é capaz de ouvir o outro e muito menos ter que aguentar palpite de quem mal conhece.

Quanto mais interessada você ficar na vida deles em uma conversa, e claro, com bom senso para não ser invasiva, mais interessante você se tornará para eles. Aqui você também vai ter uma base se esse homem está interessado, se ele só falar dele e apenas responder as suas perguntas sem devolver uma pergunta que demonstre interesse em saber sobre você ... Talvez isso já seja uma resposta, e mesmo se ele tiver interessado, analise se você irá aguentar um homem que parece ter síndrome de narciso.

"Demonstrar interesse pelas pessoas" não dá pra fingir isso! Pois a energia pode não ser visível a olho nu, mas toda química proliferada em seu corpo será perceptível pela outra pessoa.

Por isso muitas pessoas relatam que tiveram um encontro maravilhoso e não sabem o que deu errado, o porque aquele homem maravilhoso e cavalheiro sumiu, a resposta é simples, ela fingiu ser alguém que não é, e você já aprendeu que existem três campos de comunicação: Físico, emocional e espiritual.

Para que você possa entender com mais clareza o que estou dizendo, quero recomendar que assista a cena do filme **A Profecia Celestina**, vai demonstrar exatamente como a energia de uma pessoa manipula ou demonstra sua real intenção por de trás das suas ações. O nosso sub- inconscientemente consegue sentir. (Sincronicidade - Energia - Manipulação / QRcode)

Capítulo 12 - Masculino e Feminino

Não existe essa coisa de "homem TEM que SER assim e mulher TEM que SER assado!" Como já vimos anteriormente, não é porque a mulher nasce "yin" e o homem nasce "yang" que eles são incapazes de realizar as tarefas correspondentes de cada "pólo", já que ambos possuem as duas energias.

Essas frases que buscam representar uma face além de serem ilusórias e forçadas, são como uma nova ditadura violentando os direitos de cada indivíduo, como se a mulher não pudesse ter ambições e os homens não pudessem ter sentimentos.

Não é e nem deve ser uma obrigação, mas a partir do momento que ambos entendem as polaridades eles podem escolher agir de acordo para o fim desejado como no caso de um relacionamento onde cada um vai dar lugar ao "papel" devido.

O símbolo do Yin Yang, conhecido como diagrama do *Tai Chi* nos apresenta esse fluxo de harmonia, onde o ponto branco está dentro do lado preto e o ponto preto dentro do branco, e eles transmutam entre si.

A mulher madura que já desfrutou de sua energia masculina consegue entender melhor o homem, assim como o homem que está maduro e se conectou com sua energia feminina em algum momento, consegue compreender melhor a mulher.

Quando estamos inteiros e completos sabemos transmutar entre uma e outra energia, conseguimos ter discernimento de quando, onde e com quem devemos usar cada uma delas pra colher os melhores benefícios de cada situação.

NA PRÁTICA . O MASCULINO

A energia masculina/yang faz você encontrar o seu estímulo, sua força, tomar decisões, usar a lógica e o racional.

Ela é quem te ajudar a progredir, a se firmar em um novo ambiente, sabe quando você muda de emprego por exemplo, é ela que te estabiliza, te torna mais organizada, auxilia a cuidar do seu financeiro, a expandir sua consciência no âmbito intelectual, emocional, a se sentir segura.

Ela te faz perceber que dá conta do que se propôs a fazer, cada vez que você cumpre com a sua própria palavra, ela é estimulada e você passa a confiar mais em si mesma tendo certeza do seu poder e que têm sempre um lugar seguro para onde voltar, você mesma.

Use ela para se orientar, para questionar quando os sentimentos confusos aparecerem, observar e entender o que eles querem te dizer.

Eu uso muito o pólo masculino para estudar, dar aulas, ler, descobrir novas formas de criar algo, me planejar, organizar minhas metas e objetivos, para me exercitar, seguir a rotina matinal.

Ela é essencial no meu desenvolvimento pessoal, pois é ela que traz a lógica das questões que preciso modificar e ter o devido entendimento.

Ela nos proporciona a disciplina, ajuda a resolver problemas e a fazer as coisas de uma forma mais prática. Ela é como uma régua que traça a direção.

MASCULINO MADURO

Fornece a segurança necessária, tem presença, é racional, tem autoconfiança, possui coragem e não tem medo de correr riscos, tem propósito, é integro, é disciplinado, possui direção e orientação, valoriza e mantém a sua palavra, possui resiliência se mantendo firme perante as dificuldades.

O masculino maduro sempre passará segurança, pois ele confia em si mesmo. Sua abordagem passa autoridade, respeito e coerência.

MASCULINO IMATURO

É inseguro, evita se conectar, age friamente, sempre muito distante, quer sempre ter razão, é reativo, competitivo, quer vencer acima de tudo sem se importar com as consequências, imaturidade extrema levando tudo para o pessoal, mantem a teimosia mesmo quando não está na razão, é agressivo, é crítico e negativo, não consegue acessar as emoções, não consegue chorar e não consegue ouvir os outros, já vai logo atropelando as pessoas antes delas terminarem de falar.

NA ESSÊNCIA . O FEMININO

A energia feminina/yin você vai encontrar no seu interior, é a essência do amor, da conexão com a pura essência, com as pessoas, do servir, da nutrição, da espiritualidade e do afeto.

É quando a gente tira um tempinho para olhar para dentro, para se cuidar, passar um creme, escutar uma música, relaxar.

É onde os pensamentos incessantes se acalmam e conseguimos apreciar as pequenas coisas, ver beleza no simples.

A harmonia encontra seu fluxo de modo espontâneo, o peso parece desaparecer, abre espaço para ter conexão com a energia superior, com o divino, com Deus e deixar nas mãos dEle a regência das coisas. É o lugar onde não queremos mais ser controladoras.

O feminino acalma, é leve, nos faz transbordar nas relações, sejam elas com o parceiro afetivo, família, os amigos, é de fato sentir na pele essa extensão do amor para com as pessoas que amamos, nos sentimos realizadas, felizes e cheias de vida.

O masculino se sente atraído pelo feminino, é algo magnético, pois a mulher representa a vida, o risco, paixão, conquista, quanto mais essa mulher exalar feminilidade na presença masculina, maior será seu magnetismo perante ele.

FEMININO MADURO

É amoroso, receptivo, sabe por limites, se permite ser vulnerável, sabe pedir e como pedir, sabe receber e ser grato, sabe ser forte sem precisar exercer a força, é cheio de graça, é dócil, empático, solidário, é autêntico e criativo, não tem vergonha de expor seus sentimentos, não tem medo de abrir o coração, é fluente, confia, é intuitivo, sabe ouvir, se conecta mais pelo coração do que pela razão, exala energia e beleza, é e se sente livre em seu ser, confia em si, em seu corpo, aceita sua sensualidade e não tem vergonha de sua feminilidade.

FEMININO IMATURO

É extremamente inseguro, tudo que faz é buscando validação externa, nunca fica feliz, só vê o lado negativo das coisas, é crítico tanto consigo quanto com as pessoas, não consegue controlar as emoções, é manipulador, vive se sacrificando, priorizando os outros e nunca se sente retribuído, ou faz pelos outros e depois joga na cara, vive carente mas não é capaz de se acolher, mesmo estando em uma relação se sente sozinho, não sabe lidar com a perda, tem medo de ficar sozinho e fica ansioso só de pensar nisso, vive se vitimizando, sempre está se comparando, não se permite ser o que é, tem medo de ser autêntico, prefere seguir os padrões externos do que confiar em si, só quer receber, não sabe servir e se doar, quando se arruma é para competir e não para se sentir bem e não assume responsabilidades.

"Se você for honesta e conseguir enxergar onde está, poderá propor a si mesma o compromisso de mudar as atitudes imaturas, encontrando a harmonia perfeita entre essas duas energias que habitam aí dentro. Quem permite se conhecer e domina as polaridades, encontra o eixo central dentro de si, encontra a paz e tudo começa a fluir. "
__Talita S. Silva

Capítulo 13 – Faces do Yin

FACE 1 . YIN IMATURO

A mulher imatura é como uma menina, ela é doce, receptiva, não vê maldade, tem uma certa inocência, ela é meiga e sensível. Como não desenvolveu o seu lado Yang ainda, não sabe lidar bem com as adversidades da vida, ela não consegue se virar sozinha, sempre dependente, é incapaz de manifestar abundância e dinheiro, ela aceita tudo e não sabe o porquê se sente desvalorizada, ela vive fragilizada e não consegue impor limites.

Ela é aquela que vive entrando em relacionamentos e se apega com facilidade, se atira nos braços do homem e não consegue viver a própria vida, ela age exatamente como a "menina mimada do papai". Sempre dependente e carente, sempre fazendo pra ter atenção e isso acaba sufocando as pessoas a volta dela, mas ela não consegue perceber.

FACE 2 . YIN IMATURO X YANG

Essa face se revela quando a mulher começa a despertar, sair da menininha e se revoltar contra essa dependência, ela fica incomodada com a forma que as pessoas estão lhe tratando, ela se questiona: "Eu faço de tudo por eles, mas eles não reconhecem, o que está errado?".

Ela cansou de nunca ter dinheiro para nada, de se submeter a relacionamentos onde não recebe o que deseja, fica indignada pela falta de reconhecimento (ao qual ela mesma não consegue enxergar/ nessa fase ela ainda está cega), isso faz ela se revoltar e querer dar a volta por cima, então ela toma a decisão de ir para a vida, conquistar as suas coisas, lutar pelos seus ideais e planejar a vida que deseja.

FACE 3 . YANG

Agora ela se sente poderosa, despertou sua energia masculina/ yang e está se sentindo cheia de liberdade, pensando por si mesma, não sente mais a necessidade de depender de alguém, ela se tornou a dona da "porra toda".

Ela faz as escolhas por conta e risco, ela se banca, ela começa a ter opinião, não quer mais ficar calada. Ela luta com unhas e garras para fazer e acontecer, agora ela domina, não aceita mais ser "pisada", ela cria metas, estuda, faz planejamentos de curto, médio e longo prazo. Ela quer melhorar sua estética, vai para a academia, desenvolve novas habilidades e tem um desejo de expandir sua mentalidade, e ai daquele que tentar abrir uma porta do carro ou tentar pagar a conta para ela... Coitado dele, ela dá um surto, ela se garante, ela é a comandante, ela paga a dela e a dele.

A mulher que entra no pólo masculino geralmente consegue obter grandes conquistas profissionais, fazer carreira, conquistar sua independência financeira, porém os seus relacionamentos continuam frustrados, pois ela vai atrair homens na energia feminina/yin, e seu inconsciente vai lhe fazer se sentir incompleta, pois sempre estará agindo de forma mais dominante, com voz de decisão, tomando a frente do homem, pois ele é acomodado e não se movimenta, e quando aparece um que se movimenta um pouquinho, com as próprias atitudes dela sem perceber afugenta o cara. Ela só vai começar a se dar conta que o fardo está pesado quando o cansaço e a frustração forem perceptíveis fisicamente.

Então essa mulher começa sentir a necessidade de mudar novamente, a percepção geralmente acontece quando ela já experimentou a independência e passa a sentir que não é bem isso que a torna completa pois, ter tudo e ainda ser o "homem" da relação quando na verdade tudo o que ela queria era ser protegida, amada e servir alguém que ela admire.

Esses dias eu sai com um amigo de longa data, ele é um homem incrível, construiu o patrimônio dele, é bonito, se cuida, tem uma conversa muito agradável, é engraçado e também sabe ser sério na medida certa, acredita no reino e tem amizade com Deus... Aparentemente é o partido perfeito.

Conversa vai, conversa vêm... Perguntei para ele o que estava faltando e ele respondeu que gostaria de estar casado, pois a pressão da sociedade para um homem de 34 anos e estar solteiro é muito grande segundo ele, os relacionamentos dele nunca dão certo e ele tem medo de desagradar a mãe fazendo a escolha errada. Naquele momento eu olhei e disse: Está aí o seu problema, você não está procurando uma mulher para você e sim uma nora para sua mãe e saiba que nenhuma mulher será capaz de superar a sua mãe.

Ele me olhou assustado, ficou pensativo e disse... faz todo o sentido!

Pois a mãe dele tem problemas com o pai e transferiu para ele a projeção do homem perfeito, porém ele é o filho e também nunca irá suprir as necessidades da mãe dele no quesito afetivo. Esse é um exemplo bem claro dos parceiros invisíveis e como se dá a dinâmica familiar energética que muitos vão chamar de maldição hereditária, porém é só uma questão emocional onde o indivíduo se sente em dívida com alguém da família que colocou pressão sobre ele.

Estou te contando esse fato para que você entenda que mulheres no pólo masculino vão atrair esse tipo de homem, aparentam ser um partidão, mas quando vamos conhecer a intimidade e o emocional... tem uma criança buscando ser suprida. E como resolve isso Talita? Você não resolve! Não invente de ser a salvadora da pátria, quem precisa resolver isso é ele, ele precisa decepcionar a mamãe e assumir a responsabilidade de homem pela própria vida e desejos pessoais se não, ele nunca vai ser feliz, pois o que agrada a mamãe não é o mesmo que agrada ele.

FACE 4 . YIN MADURO

Nessa face se revela a essência de quem se é, a mulher que já caminhou pelas duas energias e agora decide caminhar de volta para casa, ou seja, retornar a sua energia de base, a energia feminina.

Agora ela está madura, já caminhou pelos dois pólos e sabe muito bem como é estar na sua energia de base e imatura, assim como estar na energia masculina. Então, ela faz essa escolha consciente de retornar ao seu feminino, sua energia Yin.

Ela não quer mais dar conta de tudo, ser mandona, não deseja mais a atenção plena egoísta por carência, ela quer um parceiro Yang, quer cumprir o chamado da divindade completando assim o fluxo do YIN-YANG, ela quer transbordar, formar sua família e ser feliz.

Ela passa a pensar com o coração e não só pela razão, e esse coração não é o emocional que é corrupto e enganoso, é bem mais profundo que isso.

Ela está ciente que pode usufruir das duas energias, da feminina/Yin e masculina/Yang com sabedoria e direcionar cada uma delas para momentos diferentes. E isso acontece para quem já passou pelos dois pólos e entende para que cada uma das energias contribui.

COMPREENSÃO

Você consegue compreender como é importante conhecer cada uma dessas energias para saber exatamente até onde podemos ou não ir? O que vai ou não nos beneficiar? E ter uma ideia de qual face você está presa? Além de ajudar a entender o tipo de homem que você está atraindo.

Conhecer as polaridades é de fato um mergulho interno no caminho do autoconhecimento, que nos permite ter o entendimento sobre a nossa verdade, os nossos princípios e valores. Isso nos permite ter mais autoconfiança e percepção da nossa autorresponsabilidade, por nossas escolhas, ações e reações. Isso se aplica aos homens também, mas esse livro é para mulheres, nem tudo o que está aqui fará sentido para um homem, a abordagem e os exemplos precisariam ser escritos voltados para a realidade deles, o que não é o objetivo deste livro.

Uma vez que sabemos a verdade e como ela funciona, não da mais para terceirizar a culpa sobre o que acontece com a gente, e muito menos culpar Deus pelas escolhas e ações que tomamos ao longo da vida. Deus faz o impossível e não o que é seu dever, a obrigação de tirar a pedra é sua, se não ... não haverá ressurreição.

Vejo muitas pessoas fazendo "jejum" para pedir algo, para se punir, para qualquer coisa que "acreditam", menos com o intuito real de sua serventia que é para silenciar os desejos e ouvir a voz de Deus, se autoconhecer.

Não adianta ficar sem comer algo esperando o relacionamento dos sonhos aparecer, o dinheiro cair do céu ou qualquer coisa do tipo, suas ações é que vão determinar a transformação na sua vida.

Quer um relacionamento, se porte como uma mulher digna de um relacionamento, comece se relacionando bem com você mesma. Quer dinheiro? Comece sendo grata pelas coisas que você já tem, abençoando tudo que vêm até você e se porte como uma pessoa de sucesso, ficar de pijama na cama o dia todo não vai te trazer dinheiro.

Percebe que as energias estão ligadas a tudo? É saber usar o direcionamento de cada uma para aquilo que se deseja. E depois de tudo o que você aprendeu até aqui creio que ficou claro que "sair da matrix" ou da "bolha do sistema" ao qual fomos criadas cheio de ideias onde existe uma guerra entre o feminino e o masculino (e não estou falando de homem e mulher, estou falando da guerra entre as próprias energias dentro de si, como se fossem o lobo bom e o lobo mal... qual você vai alimentar?), sair dessa linha de pensamento vai lhe exigir autoconhecimento e confiança para agir por si mesma sem necessitar mais da opinião alheia.

Se for depender do sistema... as energias quase nunca entrarão em harmonia, pelas dores e amores que vivemos e por inconsciência mesmo.

Agora que você está consciente disso... é sua a decisão de mudar ou não.

Capítulo 14 – Funções no Mundo

Nós podemos ver essas energias além do que é interno, elas estão em constante expansão assim como o ponto inicial da criação, do micro para o macro e assim eternamente.

Um exemplo bobo mas que pode te ajudar... Tudo que é natural vem de dentro para fora como os fios de cabelo que crescem para fora do coro cabeludo, os pelos, as unhas e eles só apresentam algum tipo de fraqueza se a parte interna estiver com algum problema (nesse caso de saúde faltando alguma vitamina ou esteja doente).

Vamos fazer uma análise sobre a extensão delas em nosso lar e no mundo, no lar o Homem representando a energia masculina/ Yang é o provedor com a proteção, a força, com os mantimentos e a Mulher representando a energia feminina/Yin o acolhimento, o cuidado, o amor no lar, servindo o marido e os filhos. Enquanto um cuida da parte externa, o outro pode ter paz para cuidar da parte interna.

No mundo podemos perceber essas energias através das divisões nos papéis estabelecidos por funções na sociedade, como por exemplo funcionário e empresa, cidadão, polícia e política, aluno, professor e escola. Onde o que exerce a maior função faz a parte externa para dar a segurança necessária ao que exerce a função interna fazê-la despreocupadamente.

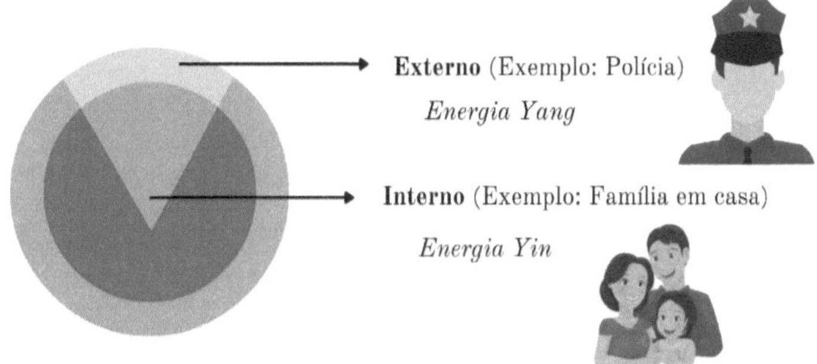

Um complementa o outro, pois a função da polícia só passou a existir porque a sociedade precisava de alguém exercendo a "lei" na parte externa, para que as famílias se sentissem protegidas em seus lares, e os "ladrões, assassinos, etc..." vão representar o desequilíbrio entre as energias causando todo esse tormento na sociedade.

Enquanto uns exercem a função externa Yang, na ação, no poder, na proteção e decisão, os que estão na função interna Yin se ocupam com os aspectos de manutenção através da confiança, do respeito, na gratidão dos que estão cumprindo as tarefas exteriores, um precisa do outro e ambos coexistem ao mesmo tempo.

O grande erro que acontece e distorce a percepção das pessoas da realidade já ocorre a muito tempo, achar que o "maior" é melhor que o "menor", quando na verdade ambos precisam confiar um no outro para que possa existir a ordem, uma vez que um precisa do outro.

Se a sociedade não confia na proteção exercida pela polícia (por exemplo), o desacato a "autoridade" ocorre e a desordem se espalha e, logo um desrespeita o outro invalidando a devida importância de cada um.

Então, vemos muitos cidadões agindo como marginais e policiais abusando da autoridade.

O mesmo desequilíbrio que você já aprendeu nos capítulos anteriores entre o feminino e o masculino, acontecem no mundo macro também.

Jesus muito sábio já nos ensinou: ***"Assim na terra como no céu"***.

Hermes Trismegisto antes da vinda de Jesus já deixou o ensinamento: ***"Assim como é em cima é embaixo"***.

Richard Wilhelm após C. G. Jung diz: ***"Esses dois poderes*** *fundamentais no céu e na terra correspondem no homem às polaridades de amor e justiça."*

E assim também é dentro da nossa mente, quando *"dois ligarem na terra, será ligado nos céus"* ou seja, quando o seu subconsciente se une ao consciente e os dois estão de acordo com algo, aquilo se manifesta no plano real.

Então... se as pessoas acreditam que o céu é melhor que a terra, logo a vida aqui será de sofrimento, e se acreditam que as funções externas são superiores que as inferiores, estabelecemos a desordem na terra.

Assim como por um longo período da história o "masculino" foi tido como superior, e vemos os reflexos disso até os dias de hoje, as mulheres exercendo uma energia Yang dominante e os homens uma energia Yin acomodada. Resultando em relacionamentos frustrados, famílias infelizes e doentes, por conta de não entenderem que as polaridades não se resumem apenas a feminino e masculino, vai muito além disso, é necessário existir harmonia entre elas.

As pessoas têm se relacionado para suprirem o vazio existencial delas e não para servirem o outro, e ninguém é capaz de preencher um vazio que só pode ser preenchido pela própria pessoa.

Por isso a maioria foge de fazer terapia, diz que é coisa de gente maluca... Lá no fundo todo mundo sabe que precisa cuidar da mente e do emocional, mas ninguém quer enfrentar as próprias sombras, é mais fácil julgar o outro e colocar a questão alheia como frescura... enfrentar as próprias angustias, medos e magoas doí, o orgulho tenta impedir a pessoa de baixar a guarda e se tornar alguém melhor e maduro. Todos temos algo para desenvolver e a pessoa que mais precisa de terapia é justamente a que diz que não precisa mudar nada, que se considera "perfeita".

Muitos começam o processo, mas quase todos desistem por medo de ficarem cara a cara com a própria nudez.

Não existe um melhor ou pior, cada um têm a sua "função", assim como vemos na inteligência emocional, sentimos com o coração e organizamos as ideias com a mente.

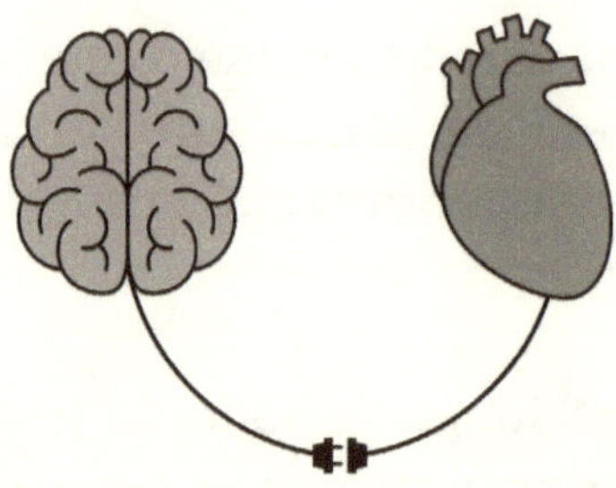

Os dois são importantes, você não sobrevive sem nenhum dos dois. Tanto a mente quanto o coração, só funcionam bem quando trabalham juntos no fluxo harmônico para sua existência.

Ambas as funções seja a interna quanto a externa tem a sua preciosidade, e todos precisam entender isso.

"Para entendermos os sonhos e a ideia da alma precisamos do silêncio mental do coração..."
__Francis Perot

Ou seja, quando aceitamos nossa "posição", quem somos e

nossa energia de base, paramos de querer ser o que não somos.
Paramos de querer julgar o outro, de desrespeitar o outro e julgar
que fulano é melhor que ciclano. Isso não existe! O silêncio
entre mente e coração citado, é justamente essa paz que nos
faz enxergar a grandeza e perfeição da qual fazemos parte,
composta dentro dessa totalidade divina chamada existência e
vida.

Quando o interior é visto, sente atenção, é ouvido e valorizado
é normal que escolha abandonar as cargas pesadas que não lhe
pertencem e escolhe se conectar com as tarefas que realmente
o satisfaçam, se permitindo ser conduzido pelo que exerce a
função exterior. Mas isso só ocorre quando a parte interna está
bem.

Porém vale ressaltar que temos autorresponsabilidade e
também autonomia sobre nossas vidas, então, não queira usar
essa percepção de como as polaridades funcionam e se estendem
do micro para o macro, como uma desculpa para deixar a sua
vida ao "deus-dará". Você já aprendeu que toda ação/escolha tem
uma consequência e que o ato de não escolher já é uma escolha.

Capítulo 15 – As Ordens do Amor

Uma visão sobre as Constelações Familiares

AS TRÊS ORDENS DO AMOR E AS CINCO ORDENS DA AJUDA (Bert Hellinger)

1ª – Ordem do amor: Hierarquia

A hierarquia nos mostra que quem veio antes tem prioridade sobre quem veio depois. Em suma, somos mais velhas que nossos filhos, mais novas que nossos pais e assim por diante. Ainda que pareça óbvio, a quebra desse tratamento resulta em conflitos, se não existe respeito, não existe amor e sim a desordem.

Segundo *Hellinger*, quem nasceu primeiro deve proteger e ensinar quem nasceu depois, e esses, por sua vez, devem respeito e obediência a quem chegou antes. Caso isto seja quebrado, conflitos, discussões e até brigas poderão tomar conta da família, cada um deve ocupar a posição que lhe pertence e se ater aos princípios dela. (Isso não significa que você deva obediência aos antepassados uma vez que você constituiu a sua família).

2ª – Ordem do amor: Equilíbrio

O equilíbrio nos mostra a reciprocidade, é sobre o dar e receber, porem o que muitos não interpretam da forma certa é, ao receber algo é preciso "tomar" posse em suas mãos. A pessoa pode soltar em sua mão, mas se você não toma/pega, aquilo desvanece, cai, fica solto.

Tudo o que vai, volta, tudo o que sobe, desce etc. E o mesmo acontece com os relacionamentos, de modo que as trocas devem ser **equivalentes,** por isso que não devemos dar demais ou receber em excesso em relação ao nosso parceiro, dar sem ser, dar o que não se têm, isso vai gerar conflitos e uma sensação de desvalorização. Isso cansa e coloca o relacionamento em risco. Receber na mesma medida em que se dá algo, tudo tem de completar um ciclo harmonioso de trocas e respostas.

Obs: Estamos falando de **AMOR** e não sobre trocar na mesma medida ofensas! Que isso fique bem claro! Se você está amargurada, o outro não tem culpa e não merece que você desconte nele as suas frustrações.

3ª – Ordem do amor: Pertencimento

Todos os membros de um sistema/família têm o direito genuíno de continuar pertencendo a esse sistema. Isso independe de caráter ou atitudes.

No pertencimento encontramos o significado definitivo de lar, em todas as famílias há sempre um conflito onde um parente é o causador da discórdia. Para muitos a solução é negar a existência desse indivíduo para que a vida possa continuar. Entretanto, excluir alguém de seu campo familiar traz consequências dolorosas e nisso, é preciso integrar a imagem desse ente na família, independente de suas ações.

Isso vai permitir que o campo familiar flua e carregue essa dor adiante, caso ninguém naquela presente situação resolva, assim que os membros quiserem solucionar os problemas existentes, isso pode ser encontrado e trabalhado. O futuro tem garantia se o passado for bem estruturado. (Os religiosos vão chamar de maldição hereditária, mas é só uma dor emocional que foi ensinada da forma errada aos filhos, aos netos ... etc.) Uma hora alguém vai cansar de "sofrer" e vai decidir tratar isso para não passar adiante.

As Ordens da Ajuda

A primeira trabalha o equilíbrio na hora de dar, é entregar apenas aquilo que carregamos por hora, assim, devemos pegar o suficiente e sempre entregar o que podemos. Precisamos conhecer nossos limites e, ainda que tenhamos boas intenções, é preciso nos afastar.

Caso contrário pode ocorrer:

- **Querer dar mais do que se tem:** A sua intenção pode ser muito nobre, mas há limite para tudo. Existem circunstâncias onde deixamos de fazer algo por nós para fazermos pelo outro, e isso não é certo. Mesmo que pareça egoísmo, devemos focar primeiramente em nós, reunirmos recursos e só então ajudarmos os outros. ("Amarás ao teu próximo como a ti mesmo.");

- **Criar expectativas não correspondidas:** Ninguém é obrigado a atender as exigências que fazemos ou guardamos dentro de nós. Expectativas servem apenas para construir uma imagem idealizada que aproxima alguém da perfeição. Infelizmente, quando isso não é respeitado, a frustração se torna real. ("O desejo que se alcança deleita a alma, mas apartar-se do mal é abominável para os insensatos.").

A segunda fala a respeito do poder de compreender o contexto de uma situação, saber usá-la corretamente nos faz conhecer nossos limites e alimentar a humildade de não ultrapassá-los, analisar o momento e entregar apenas aquilo que carrega, sem recorrer a recursos que não tem.

Quando não fazemos isso, corremos o risco de esconder ou ignorar a realidade, além da insistência que prejudica não só o outro, mas a você também. Portanto, entenda o momento de agir e o de não fazer nada, seja humilde nas suas próprias escolhas e essa sabedoria não vai desperdiçar o seu tempo e energia.

A terceira fala a respeito da maturidade, tanto para com o outro, como a nós mesmas. Precisamos assumir uma postura mais adulta e fazer o outro agir de acordo com ela no relacionamento, exemplo: Você não deve acatar desejos infantis ou mesmo concessões em favor do outro e ele deve entender que a vida é feita por responsabilidades e que não devem ser ignoradas.

Por isso, quando formos ajudar alguém, devemos tratá-lo como o adulto que é, e ele deve reconhecer seu próprio potencial sem interferências, ele deve trabalhar para conquistar qualquer mudança. ("Não se dá o peixe e sim se ensina a pescar."), isso vai amadurecê-lo e deixá-lo mais consciente, fazendo com que entenda que pode ir muito além.

A quarta nos move a olhar para as pessoas de maneira completa, sistêmica, e não de forma isolada, pede para olhar além do próprio indivíduo, devemos assistir sua relação com quem está próximo, especialmente a família. Todos devem ser acolhidos com a mesma atenção.

Caso o contrário, isso acaba por:

- Resultar em desprezo: Se apenas um indivíduo recebe atenção a chance dele enxergar a família como um todo será comprometida. O desprezo em relação às outras pessoas de sua família vai impedir que se olhe de forma mais profunda, você não é obrigada a conviver com ninguém, mas aceitar as pessoas como elas são... sim.

- Ignorar sua infantilidade: Ignorar comportamentos infantis pode causar limitação no desenvolvimento dessa pessoa, impedimos que o empoderamento chegue até ela, fazendo com que não cresça e amadureça.

A **quinta** e última nos convida a respeitarmos a história de cada pessoa, nos pede para amá-las sem impedimentos, julgamentos e sim da forma verdadeira como elas são, entendendo os caminhos que tomaram em suas vidas. Se assim for feito, fica mais claro entender as necessidades desse indivíduo pela ótica dele e dos parentes, isso vai fazer com que tenha outras perspectivas sobre qualquer problema e ficará mais fácil enfrentar dificuldades e resolvê-las rapidamente, evite as reprovações, julgamentos contínuos, desprezo moral e críticas.

As ordens do amor e da ajuda servem de pilares para que possamos viver de uma forma mais adequada, nos respeitando, nos conhecendo e entendendo o porquê certas coisas acontecem.

Capítulo 16 – Primavera da Alma

A transformação requer sacrifícios, ela é o encerramento de um ciclo e dá início a um novo. Você está preparada para começar um novo ciclo? É hora de se despedir de velhos hábitos, costumes, manias, afetos, relacionamentos, e tudo o que estava te intoxicando por dentro, diga bem-vindo ao desapego e junto com ele bem vinda a nova você.

Abrir a porta para o novo dá medo, mas aqui você já está preparada, nada de agora em diante será como antes depois de toda sabedoria que você adquiriu. Você está com o poder nas mãos e pode usar esse poder a cada decisão de escolha. Fomos despertas e somos merecedoras desse despertar, estamos indo rumo ao nosso plano divino, ouvindo o chamado da alma e é aqui que acontece a *primavera da alma*, o desabrochar e o florescer.

Saiba que no meio da jornada existirão erros, e está tudo bem... Não é sobre perfeição e sim sobre transformação, temos dentro de nós a dualidade do bem e do mal, mas, se não fossem os erros não existiriam os acertos. Nada vem até nós sem a certeza de que somos capazes de superar e lidar com o que foi confiado em nossas mãos.

A primavera chega para anunciar o desabrochar dessa mulher incrível que existe dentro de cada uma de nós, e assim como a natureza desabrocha e se enfeita para nos mostrar que um novo ciclo se inaugura esse livro é a porta de entrada para o seu novo ciclo.

O gelo, o cinza, o frio, o tempo de recolhimento e amargura fazem retirada para que a natureza se revele multicolorida, o voo da borboleta é bem-vindo, o cheiro de grama molhada, os sorrisos, o friozinho no estomago, as novas palavras pautadas na verdade e com bondade, os abraços calorosos de amor e os olhos cheios de brilho.

É o tempo de acasalamento entre as duas polaridades trazendo a harmonia dentro de nós, a reprodução, fertilidade, beleza e abertura para vivenciar o novo.

A natureza resistiu aos tempos secos e frios, assim como você vestida na armadura resistiu à letargia, mostrando que a vida permaneceu latente e agora se refaz vestida em uma alma de belas flores.

A escolha é sua linda borboleta, voar ou ficar no casulo, mas a primavera está te convidando a florescer e levar essa beleza para o mundo, você aceitou o convite para o profundo quando começou a leitura, você mergulhou e agora é hora de levantar voo e sair das profundezas.

Te faço um novo convite e deixo uma pergunta em aberto...

- Como você deseja ser lembrada de hoje em diante?

Capítulo 17 – Pura Essência

A Pura essência

DEDICO ESSE CAPÍTULO A UMA PESSOA MUITO ESPECIAL QUE PASSOU PELA MINHA VIDA, VOU GUARDAR PARA SEMPRE NA MEMÓRIA A HONRA QUE FOI RECEBER A RESPOSTA QUE EU TANTO PRECISAVA PARA CUMPRIR A MINHA MISSÃO.

Eu te desejo o maio amor do mundo, que você encontre todas as respostas que busca e também encontre o lugar de origem, espero que a gente possa se encontrar nesse lugar seguro, somos irmãos de alma e mesmo desconectados hoje, saiba que eu enxergo tantas coisas lindas em você, e sei que para você eu posso falar isso, porque você é diferente, sei que entende isso com os olhos da alma, com a sua essência, com o coração e não com os impulsos carnais que estamos sujeitos aqui nesse lugar. Espero que você não seja corrompido.

Eu já te agradeci, mas quero deixar isso registrado aqui, para que mais pessoas saibam que você me deu a resposta que eu precisava: "AMOR".

Não cai uma folha da árvore ao chão se não houver permissão de Deus, e nossa conexão nunca foi em vão, eu só sei que eu te conheço além dessa vida e nessa vida você se tornou muito importante como ponte para a rota da minha jornada, você não faz parte do caminho, mas obrigada por ser ponte.

O texto a seguir pertence a Pura Essência de **L. G. Oliveira**, ao qual eu tomei a liberdade de compartilhar. O texto não tinha título e eu dei o nome de **AMOR**, cuja resposta que o L. G. me deu ao assistir um filme em meio as nossas conversas que para muitos seria algo sem pé e sem cabeça. Eu espero que mais pessoas possam ter uma conexão igual à que tivemos, onde um ajuda o outro sem esperar nada em troca e mesmo em meio a correria consegue escutar o outro com os ouvidos da alma. Obrigada!

AMOR

Você não quer uma pessoa como eu, até diria que eu entendo, mas não! Eu respeito, estar comigo é uma oportunidade única na vida. Mas é como eu digo: Há quem prefira Catuaba a Vinho, cada um tem a ressaca que merece.

Você não me quer, você tem seus motivos. Você me deseja, mas me toca com medo. Me ama, mas impõem um milhão de limites. Você me respeita, mas faz questão de fingir que eu não existo.

Se as condições para estarmos juntos são essas, eu agradeço, mas dispenso. Eu me amo, eu até quero você, mas eu preciso de mim.

Eu tenho todos os ingredientes para ter o "amor da minha vida", tenho a medida certa de apego, a dispensa infinita de paixão e um amor ilimitado.

Mas nada disso serve se você não estiver com fome. Você quer beliscar para passar o tempo, eu quero abraçar para atravessar o tempo.

E olha só, amor é banquete, não é lanchinho. Amor é pão, não é migalha. Se o que você tem a me oferecer é só esses joguinhos, dores de cabeça e infantilidades, me desculpa, mas (te) dispenso (comigo). Então, licença, amor: Eu me retiro da mesa.

Podemos até ter os mesmos gostos, mas não estamos com a mesma fome. Você não está saindo como vilão(ã) nisso, relaxa. Não existe condecoração no desejo. Eu, é que me conheço, e sei que Pingo D'água mais me irritam do que enche minha banheira.

Então, acabou. Peço licença, estou indo embora e deixando nossa refeição. Percebe a coerência? Você não me quer: Eu estou indo. Eu não quero a gente: Prefiro nem experimentar o que você preparou.

Sejamos educados e respeitemos as decisões de cada um, já que não existe um "nós". Não esqueça, carrega esse aviso: Na hora da ressaca, lembre-se, minha casa não é farmácia, E EU NÃO SOU REMÉDIO!!!

Você não me quer, então lide sozinho(a) com a circunstância do"não me ter".

_Luiz Gustavo Oliveira

Carta aberta ao Gu

Você, depois de meu pai foi a única pessoa capaz de tocar o meu coração tão profundamente através da escrita, através da amizade e do ouvir. Já chorei vendo filmes, com depoimentos de pessoas que ajudei, mas lendo algo com a interpretação que eu dei, faz anos que isso não acontecia.

A mulher que for capaz de tocar o seu coração, será muito feliz, eu não tenho dúvida nenhuma disso. E por esse motivo seu texto, a sua essência enceram este livro com chave de ouro. Pois nesses anos todos foram raríssimas as pessoas que tive o prazer de conhecer em Pura Essência sem um pingo de malicia dentro de uma amizade. Almas que se tocam tem o poder de transformar ou destruir, obrigada por tocar a minha com respeito e pureza.

Eu agradeço por ter encontrado você nessa vida (AMOR), e se tiver outras, eu sei que vou te encontrar de novo, sempre darei um jeito de te encontrar porque viemos do mesmo lugar e você sempre terá a resposta que preciso e eu sempre irei entregar a que você precisa.

Por: Talita de Souza Silva

Eu sou o Amor, eu vim do Amor e é para Ele que irei voltar, isso é para Ele, é por Ele, é tudo sobre Ele. O verdadeiro Reino é dEle e somente nEle podemos todas as coisas.

Esse é só o começo!

Sobre o autor

Talita De Souza Silva

Psicoterapeuta, Professora, Escritora, Mentora de Mulheres e Física.

Especialista em Polaridades, relacionamentos, amor próprio, autoestima feminina, bloqueios emocionais/ Criança Interior.

Abordagem técnica: TCC, I.E, PNL, Física Quântica, leitura energética entre outras.

Ao longo do processo do meu desenvolvimento pessoal e ao desenvolver pessoas, adaptei minha própria forma de transformar, ajudar e transbordar sobre a vida das pessoas.

"Nem olhos viram, nem ouvidos ouviram, nem jamais penetrou em coração humano o que Deus tem preparado para aqueles que o amam." (1 Coríntios 2:9)

E quer saber uma verdade? Eu amo muito mais olhar a toca do coelho do lado de dentro.

Para as eternas Alices como eu.

Livros deste autor

Fêmea - Um Convite Para O Profundo

Lançado em Dezembro de 2021
Publicado em Janeiro de 2022

Ômega - Isso Não É Um Convite, É Um Chamado!

Lançamento previsto para setembro de 2022, podendo ocorrer alterações.

O Todo

"O Todo é Mente; O Universo é Mental."

- O CAIBALION

O mundo em que vivemos é dual, e quando me refiro a "mundo" não estou falando de Universo, apenas do consciente coletivo que estamos inseridos chamado Planeta Terra. Não tente achar a resposta para certo e errado, bem e mal ...

Você não vai encontrar.

Mas é de péssimo tom passar uma vida inteira com medo de errar por achar que vai para o "inferno".

- Talita S. Silva